「観音様」画制作：すけたけ はづき

〔愛《あい》は、自由公正な平和《へいわ》の礎〕

必要十分な空《くう》に、魂《たましい》々の干渉に潤う児達は、心《こころ》々を開放し、互助精神を隣人愛へ、良心毎を博愛の高嶺へ渡すよう「和《わ》」に治めて縁《えん》結ぶ光の慈愛像《じあいぞう》。

魂の玉手箱

水明《みずあ》かく、
華々《はなばな》息吹《いぶ》き、
天《あま》へ舞《ま》え

林 利和

文芸社

目次

序文　何故《なぜ》、自由な思考が感動を呼び覚まし、責任担う信用を縁《えん》に人生を愛《あい》し営むか？

「自由」と「博愛」は、大から小へ補完して互いを支え未来へ航路を拓く伴侶でしょう。事実、自由に創意工夫し縁《えん》々を網羅して必要十分な責務へ高め思い遣る感動を友に、互助魂を培い生長する心々は、多様・固有な大元に共通項「一を聞き十を知る」を、生命溢れる因縁「慈悲《じひ》、博愛」を覚え、観念の帳を払うよう、分け隔てなく対話して意見を識別し日常茶飯に助け合う。時にインフラ崩壊後、給水に殺到し、片や順に並んで和み好奇溢れる平常心を取り戻す。此等共に感謝し辛苦や惨劇を克服した記憶が風化し「声高《こわだか》に声無き声を黄泉《よみ》へ追い遣《や》る憲法改正《けんぽうかいせい》を謳《うた》い、焦土《しょうど》へ児達迄逝《ゆ》き向上心を失速か？」老若共に因果《いんが》な疑義《ぎぎ》を抱《いだ》くので、清潔や食に事欠き死の過酷食《は》む戦《いくさ》と、良心を性根《しょうね》に足腰《あしこし》を踏ん張り隣人愛を戴《いただ》く平和双方を散文に交え対比し、汝《なんじ》の敵《てき》を愛す自由公正な声々《こえ》を聞き取って抗う禍根断《かこんた》ち、互助魂を向上し末広く縁結《えんむす》ぶよう、無償な博愛の價《あたいな》無き高嶺《たかね》を目指そう。

宇宙《うちゅう》が光放ち虚実溢れる運命《うんめい》共同体へ進展か、現《うつつ》の欲から公正無垢な自然体へ、無為「何故」から有為「何を背負うか」へ生長し、大《だい》へ社会全体を機能し小《しょう》へ互いに活かす自由像は、汝の敵を愛す平和像を愛情深く慈しむ。此の慈愛「全体を見渡す大局観《たいきょくかん》」が体調「始点と方向性」を問うて実証し生活全般を支えるので、個々の具象《ぐしょう》以前に社会全体の課題を洗い出す。実際、ふくよかな埴輪「豊穣と繁栄の女神像」が伝統文化「和《わ》の母系《ぼけい》像」を抽象して憲法に恒久平和を結実し、大戦から復興し繁栄を享受しながら「何故、事実を根底から覆し黄泉《よみ》迄商うか?」と心々《こころ》の健《すこ》やかさを問う。平準に熱心で包括に、より大きな抽象に疎い一方通行解消へ忍耐滴る「濡れ雑巾」も、「経験と学力の両足を踏ん張る無双な自由像」が善を栄え悪しき排他を滅す大局観「和《わ》」を襷渡すよう、七段階に大別し二十項目順にまとめたので、十分な対話「意見々を論理正しく許容」から必要な博愛「慈愛を頭に良心を網羅」へ、感性の後天「事実のままに語る難しさに挑む正直」が実情を公表し環境施策全般を完遂するよう、大自然を潤い絶える事無き「魂々の大河」を覆う泡沫な縁《えん》々に共生し、恒久平和像へ志々通《こころざしかよ》わせ虹渡し駆け競う児達の生長を証して行こう。

一、万民が志す共通の目的は「恒久平和」

①〔始めに〕何故を反芻し牛歩の轡引く自由像は、汝の敵を愛す社会を共有し生長する。

「小池《おいけ》」な水面《みなも》が幼心を明るく包み、吹き上がる風にパラグライダーが群れ飛ぶ百花繚乱のカルスト台地、愛を遍く照らし縁々《えんむす》結ぶ姉に天《あま》から追放された勝利の化身日本武尊《やまとたけるのみこと》の魂を祀る伊吹山頂へ、追えば退《ひ》き退《ひ》けば後追う影法師が道案内したい。京阪の水瓶・琵琶湖畔に佇む伊吹山は、東遥か沖積平野を望む日本一の積雪高を記録した山体が関門の大黒柱然と車窓に映え、農耕に和し交易に競う東西両文化の大動脈が交わり国際交流の屋台骨を支える。一合目の飛行教習場では生徒達が汗を流し、登山者が見守る末広き縁の浸透膜「良心の十分」を像「愛の必要」へ結節し静動脈動す無害に笑い読破されるよう、前半は、社会矜持の筆頭信玄《しんげん》座右の「情《なさ》けは他人《ひと》の為《ため》ならず」に和む「心自由な愛」へ水面《みなも》に林立する志々《こころざし》の頭結い、後半は、高まる慈愛像の包みを解いて隣組魂を具象したい。

無声映画の最終章を飾るチャプリン監督主演「街の灯」は、重き虚実《きよじつ》の絆が揺らぎ渦巻く終演、あるがままな愛が観客の心を鷲摑む。山紫水明な苔香る鮎や蔓む真実を頰張り自助、共助、公助の、自由、平等、博愛の順に主権担う足腰鍛え、大志抱き世の起伏へ駆け競う児達は、志高める正直を埒明《らちあ》かぬ修羅《しゆら》に潰え腫れ引き摺る蛇足《だそく》を良心の器《うつわ》に癒し、愛朽ち腐葉した業《ごう》を反芻し頰張り思い遣る力に換え団欒《だんらん》の光が沿道を包む満天下、此方へ向かう街灯列が時刻む下げ錘と重なり疑義「光明が干渉して街の賑わい映え、時空を器に真理を紡ぐか?」を問う。此の無辺な「重力場」を母体に天地誕生の無二な「光」が固有な時空と真理を虚実一体に像結ぶ抽象の峠と水面に慈愛像映す具象の麓とを昇降し、堆《うずたか》き思慮《しりょ》を柔に撓ませ真実《しんじつ》に潰《つぶ》れることなき光明《こうみょう》な愛《あい》の大所《たいしょ》へ自由に立志しよう。

②〔現代の課題〕痘痕も靨《えくぼ》な崇《あが》めから核兵器廃絶を誓い和《わ》を以て尊《たっと》しと為す悟《さと》りへ!

内に全知の経営者、外に主権者は、廉価称う高度技術が原発事故で脆く崩れ被害を乗じたことから煉獄の釜蓋開く憎悪《ぞうお》抉り出し「自らを裁き敵を愛す和の労が遥かに重い」と覚る。

国際化支う財政の健全化、税本来の扱い方へ議論高む国会が消費税改訂と経済条項の扱いに議論白熱し、国民は、政経司る性根「良心の自由」を十七条憲法の精神「和」の風土へ躍如し、隠れ蓑を神話と呼び環境施策全般を見直す。富士山を頂に両大陸と両海洋プレート上に浮かぶ国土は、フォッサマグナ亀裂帯を充填し中央構造線始め有数の地震多発地帯ながら地域性豊かな緑碧連ね、泡銭溢れ政「真摯《しんし》は幸《さいわい》」が口濁す奔流「想定外」から愛の高嶺「過ちを繰り返さず」へ上り未然に災禍防ぐよう警鐘する。聖書の一遍、夢現な預言書「黙示録」冒頭、封印解く毎に四騎士が冠、剣、天秤、剣を携え白、赤、黒、青白い馬に騎乗した終に黄泉が続き、ルール無き経済封鎖に困窮した国々が栄光へ退く王を島流しした如く、額に「６６６」刻す野獣な人物との巴戦を預言する。始の騎士が冠戴き源平の統領な王室末裔を、次いで「白、赤勝て」と声援す拮抗した所属を、三騎目が心臓と富を天秤に掛ける黒装束を、終の青白の青が尻の斑を現すことから始の政治理念を継ぐ騎士を想わせ、武力を背景に絶対王政が搾取し誉と富に酔い痴れ負債返済に困窮した轍「美酒から目覚めれば元の木阿弥」へ両志が火花散らし三舞台毎の七場面へ燃え広がらぬよう、国交正常化「決断と実行」が揺らぐ調停力を良心の絆へ直結する。片や、大本営が誤認報「米空母十九隻他を撃破」に愁眉開き比方面軍の反対を顧みず攻勢を発令し、米軍が上陸したレイテ島へ大兵力を抽出して空襲や艦砲射撃に晒しB29阻止のサイパン島惨禍を再現した。鉄片火焔の衝撃に紙一重で生死分かつ水際阻止作戦然に参加した陸軍将兵八万四千名中生還者五千名と惨敗し、ルソン島防衛戦を経て戦友会無き生還者や隣人愛の高見から焦点合わせ眼前の敵兵を見逃す体験談が出版され、心々は、博愛を識調し立志像結う。

次は実話である。江戸幕府が西方遥か入江深い長崎の地に出島を築き、唯一の海外貿易港として異国文化や文物を吸収し日本を代表する港へ発展した。沿岸にドックを連ね造船業が栄え、大戦艦「武蔵」から超大型タンカーへ様変わり国際都市の活気が水面を華やぐ。

港を見下ろす「西坂の丘」中腹、殉教した二十六列聖記念館上手の西坂《にしざか》小学校から賑やかな学童の声が聞こえ、筆者も校庭東隣に下宿し百万弗の夜景を満喫した。記念館は、JR長崎駅から徒歩五分、爆心地「松山《まつやま》」最寄りの浦上《うらかみ》駅から一駅離れ原爆の被害が及んだとは思わず、下宿先の婆様から、校舎が爆風で全壊後長崎駅方向から延焼して全焼し「原爆で学童と教師が死亡した」と聞き「身近な日常が惨禍の跡！」と驚いた。大戦末、B29戦略爆撃機が投下したナパーム弾により日本の主要都市が炎上し、東京大空襲では二時間余の爆撃で十万弱の下町《したまち》住民が焼溺死し、広島・長崎も原爆白土化し癒し難い傷心負う被爆・救護者と投下側とで意見が分かれる間、絨毯《じゅうたん》爆撃が高精度に制御・超小型化し防御困難な核ミサイルへ発達し日常を脅かす。キューバ危機当時、高き政治判断が暴発直前で収め「核兵器が人為の負債であり自ら避け得る」と証す後も原子炉事故が被害累乗し高度技術の安全神話を打ち砕く。抑止論「目には目を、歯には歯を」が隣人愛を憎悪に委ね、惨禍を心身で証す被爆者は、迫害と殉教の鎖国下、尊き教えを語り継いだ「隠れキリシタンの里」を市街地北半分諸共に損壊焼失し勝利の衣下に主語朧気な憎悪が蔓延す全世界へ、ミサ中の司教全教徒が即死した浦上天主堂の警鐘「無償の愛」を、太陽の将来像に見紛う時空の斥力然な灼熱膨張に因す惨禍の実情を、天指す平和像に委ね志高く発信する。

　踏み絵に懸け信仰を踏み躙った迫害を凌ぐ惨禍の元凶、観測機を同伴したＢ29爆撃機は、一面の夏雲に覆われ観測困難な為、投弾予定の小倉から長崎上空へ飛行を続けた。その先、半島北面の大村湾沿岸に海軍唯一の防空戦闘機部隊が臨戦待機し、此の一搭乗員が広島市上空で被爆、機体不全し九死に一生を得ていた。大本営参謀部通信班も「原爆攻撃機が発進」の暗号無線を再照合し直ちに将へ警戒情報を報告したが、当地の要撃部隊迄は伝達されず、同日、日向灘でＢ29を迎撃し最後の中編隊長が戦死した。もし、同部隊が迎撃すれば、燃料乏しく沖縄へ向かい尽きて緊急着陸した同機が余儀なく原子爆弾を海中投棄したろう逼迫した飛行中、レーダーに映る長崎市中心部から北へ数キロ外れ僅かに覗く雲の切れ目から命令どおり目視により原爆を投下し、浦上の地・松山上空で爆発した。一方被爆を免れた市南部の市庁舎では、市長や警察等関係機関長が広島市の惨禍を踏まえ対策会議中だった。被爆直後、指揮系統中枢の長崎市長は、直《すぐ》に近隣行政機関や自治組織等に救援要請し、此を受け警備隊警防団等が救護隊を組織し未《いま》だ炎の中で活動を開始し、北隣の長与駅からは救援列車が浦上へ入り被爆者を県下沿線の病院へ搬送し、到着地の駅々には負傷者が溢れ、救助後に於いても大規模な惨禍の深刻さを目の当たりにした人々がその重傷や重篤な様子を今に語り伝える。更に、被爆損壊した医科大学では医療関係者が自らも被爆し傷を負いながら治療に当たるも、四割弱が即死、又は急性の原爆症を呈し、十五万に及ぶ被爆者の内、直後の一年間には広島を含む二十二万人が死亡した。此の全身を蝕む苦難中、医科大の一医師が父親として無償の愛を綴る手記「長崎の鐘」を遺《のこ》したように、被爆者救護者共に黄泉を退けるよう「核兵器廃絶」を訴え、全人類が語り集い不可避と鸚鵡《おうむ》返す憎悪の禍根除き、良心の絆を網羅して疎遠に道拓く隣人愛へ結い上げ、自由な発言を生きとし活かす互助魂へ高めて魂心《こんしん》の平和像を結ぶよう促す。

戦時、中部太平洋方面のＢ29爆撃隊司令官が交代し、攻撃目標を軍事施設から都市市街地へ、高々度の爆撃から低高度のナパーム弾絨毯爆撃へ拡大し「皆殺し」と綽名された後任者が米空軍総参謀長として「危機」に臨み、核ミサイル百基足らずの配備完了に気付かずキューバ爆撃に固執した人類存亡の瀬戸際、若き米大統領の良識と高き志が人類を救い対話と核制限へ転じた。終戦後、シスターが孤児を養育し母と慕われ、赴任した占領軍司令官が被爆した少女の手記出版に奔走し「無償の愛」自ら憎悪溢れ心溺れた「危機」を踏まえ緩む自制心を良心の絆で締め直す。恒久平和を宣言した日本でも原子炉が普及し、抑止論下に「死の政商」が調停者無き自律不随な連鎖分裂へ核増殖し、中性子の礫が内臓を爛れて全身を蝕み、筋肉質の心臓が持ち堪えても狂おしい死を常態化しないよう、語り聞く双方が絶妙な大自然へ平和像結い、自由に声を掛け合って国際交流する。

二、必要十分な「良心と愛」

③〔色即是空、空即是色〕光仰ぎ、心々が業へ朽つ愛の腐葉土を網羅し慈愛を頭に蘇る。

心々の絆が「必要十分な空《くう》」へ縁《えん》々「遍き良心と無二な愛」を調光結節し、思い遣り相補う慈愛の主体へ生長する。重くて質向上を要す宇宙船「ガイア号」の乗組員は、自惚れ過つ分裂から対の融合へ因果高む欲求を頬張って活力に換え、膨れ終の絶対零度へ凍る表情が温い内部へ崩落し初頁「零の無垢」へ蘇ろう光陰矢の如き時空を心自由に旅する。

盲目の琵琶法師連が源平両武士団の葛藤とロマンを仏法へ収む「平家物語」を口承し、大衆は、大乗仏教観「祇園精舎の鐘の声、諸行無常の響きあり。沙羅双樹の花の色、盛者必衰の理をあらはす。」を諳んじ「あるがままに消えては現れ」を無我「色《しき》即是空《くう》、空《くう》即是色《しき》」に、末法思想覆う平安末の方丈記「ゆく河の流れは絶えずしてもとの水にあらず」に体得し、権勢誇る平家が壇ノ浦の波間に沈む彼岸を拝し、むなしいと訓読し心鍛える。無言の行中、仏陀は、獄卒に鞭打たれる父母の霊に声上げて慈悲を悟り、生まれ盛り老い病む業を仏配す曼荼羅の宇宙像へ、聖徳太子が和の十七条憲法へ治む。片や「十戒」が「親子の絆」を普及し、若き指導者が、天国の入口は駱駝が針の穴を通るより険しい故に「心の自由」を教授し、衆生は、道端の地蔵菩薩共々心を鋤に業掘り起こして魂の干渉に胸騒ぐ志を大空へ萌芽し、魂救う仏典の真髄「空《くう》」を青空《あおぞら》に「色《しき》」を花々に擬え、栄華盛衰「空と色」は必要十分の証「花々が映《は》え、更に空《そら》が高まり虹渡す」と、ハッと「虹の因は陽だ」と虚実な縁束ね「光《ひかり》は空《くう》、空は光」と解く。坊様も「石が庭をまとめ」と生命慈しむ水辺へ誘い、此彼両岸へ拡がり疎《そ》にして漏らさぬ天網《てんもう》な器《うつわ》「良心の自由」を「慈愛」へ像結ぶ。諸家百家中「孝行」を縁に「不惑な心」仁義礼智信結う孔子に民衆が共感し、為政者も天下国家論ず学識を身分に秩序立て治世し、孝子の心が滝水を酒に換えた雅号「養老」を残す。傍ら為政者目線の造語が自由な経緯主義を平準化して志の育成を妨げ、忠義唱う「武士道は死」が生か死か択一の心無き不自由強いて乱暴狼藉が氾濫し、根絶図る軍訓示が生きて虜囚の辱めを受けぬ戦陣訓へ矛盾顕在化して証拠隠滅へ軍が保身し、将兵が手足の如く補給を絶たれ肉弾突撃へ完結し識る本道外れ国全体が炎上したことから、国民は、主権在民へ不覚の殻破るも、疑惑の調査中、整合を欠く失礼を許し不条理へ政を退く発言迄飛び出す良心の欠如に呆れ、喰えど満ちず修羅食む餓鬼も耳を澄ませ欲を暴いて真実を学び摂る。

④〔愛の光明〕完結は自惚れ故に正義、合理性、行動を骨格に愛を戴いて自由に志紡ぐ。

揺らぎ合う無辺な大海が始点「零」へ渦巻いて抛り合い、因果「重みと光」を順序立て固有な同士「時空と真理」を紡ぐよう、心々は、不撓不屈な性格「良心と愛」へ像結ぶ。

若き指導者が「心の自由」を教授して逝き、弟子達が記憶堆き腐葉土に縁巡らせ、狩猟の自然体な瞬発力と農耕のあるがままな持続力双方が良心を骨盤、正義を背骨、合理性を胸骨に、愛を頭に思慮堆き素な望楼を建ち上げて自由に呼吸し像結ぶ。一走の信長は、合理に徹す練鉄の器に天水湛え世上映し、蒸発すれば業火に晒し「天下布武」を先駆けた。「東海一の弓取り」今川義元の弟の居城、那古野城を謀り取り上洛途上の熱田湊を掌中にした父「尾張の虎」の葬儀では位牌に香を投げ付け、唄と舞に現を抜かす「うつけ者」として虎視眈々と国盗りに鎬を削る実力本位の周囲を煙に巻きながら情報先取の経済に長じ、親衛隊編成し戦に明け暮れた。義元を撃破後、虎は、西へ踵転じ隣国「美濃の蝮」斎藤道三と戦い、大垣城制圧し稲葉山城に拠る蝮の上洛路断ち疲弊を目論むも、守護土岐氏縁戚の朝倉孝景軍に敗れて退き、次いで土岐氏の擁護を名目に包囲網布くも再び綻び、万余の軍率い三千籠もる稲葉山城を落城寸前迄追い込んだ夕方、夜営の為後退中、一瞬の空白を突く絶妙な反撃に遭い大敗し尾張へ逃げ帰った。後、嫡男に蝮の娘を娶らせ和睦し、孝景没後土岐氏を追放し美濃守護職に就いた謀略家の蝮と互角に渡り合う周到な知恵と力の限りを尽くす虚々実々な争いが総力戦の様相を帯び、舅の蝮から国譲渡の遺言状を送られた信長は、蝮と義弟達を殺した嫡男を攻めるも木曽川河畔で敗れ、彼の死に乗じ斎藤方を攻めるも再び敗退した。蝮の孫の代、唯一逃れた蝮の末子が織田方の中濃攻略を援け、斎藤方の重鎮を籠もる関城から退けて結束を崩し大勢を決した。東は桶狭間の戦、西は稲葉山城攻略で決着し、両父の知識を学び摂り軍略絡め外交網羅し果断に課題解消して未知数な天下を狙う。以降「正義→調整力、合理性→対話、行動→協力」に置き換え、活躍の経緯から考え方迄多岐に亘る群雄が天下の高見へ集い、覇業と称す劇中へ案内したい。

「魂の救済」へ仏教を興した仏陀の下、菩薩羅漢等が慈悲を責任分担し業を掘り下げ、周辺の神々も仏法の守護神に任じ面影残し体系化した教義を学僧が「空《くう》」に取りまとめ、無辺な大海から光明へ高まる「魂の必要十分」を、片や基督教《きりすと》は「彼等は罪を識らず」と十字架上に殉じた主の委任「心の自由」を「愛」に結実して伝道し共に対話を促す。イスラム教は、預言者五名を旧約聖書と共有して協力体制=行動力を主眼に規律と秩序を教授し、私毎な偶像崇拝を禁じて富を公益化し慈善の機会均等を促す如く三者三様の奥行きが微妙に食い違うので、慈愛の頭「天下は天下の為の天下」から色彩溢れる世の汎濫原を俯瞰し心通わす。幕末「誠」の旗下、新撰組は京都所司代の意を受け洛中警護し、闘死二に比し三が脱隊・規律違反の咎で斬首切腹し阿修羅の如く尊皇攘夷派を取り締まるも、言われるままに旗朱染めて先見萎え時代のうねりに呑み込まれた。片や、性格も思惑も多様ながら礼節培い調停堆き尊皇派が国の将来担う大義、自主独立へ平等・万機公論を掲げ微睡む封建制穿って面目一新し新政府を樹立した。対外危機感抱く国民も、資金を出し合って銀行設立し屁理屈膨らむ不毛な未消化を反芻して議論し、文明開化へ総意紡いで任担う。

⑤〔良心の自由〕大志を抱け、と学ぶ少年達は、
瞳に魂映え愛の性格へ志結い成長する。

慈愛へ凝縮した「おふくろの味」が醸す「ペンは剣より強し」を頰張る子は、仕様の高性能に驚き「百聞は一見に如かず」と現に観れば程度が知れ、無辺な揺らぎを遊び心に調整し必要十分な節目毎に足腰鍛え、権利と義務を博愛の両輪に心肺共鍛え重き責担う。

芽吹いた木立が雪明かりに紅映え小鳥達に食卓供す光合成遺伝子を取り込み焦点結ぶ心々は、文字無く自由結い難い新大陸の住民が略奪を許し飢え疫病患い逝いたことから、重き業から愛の光明へ社会像を育む。政の思惑が肥大しツケを有権者へ廻す中毒に罹った泡後遺症から再生期す首相が脂絞りに取り組むも頭大な改憲打診へ膨れ上がり、国民は、他人の懐狙う発言「富めば心貧す」を黙し聞き流す一首相を大敗して漂い鬩ぎ合う脂を熱く命へ代謝し、弟子達が「空」や「愛」へ抽象した教義を水明な器「良心の自由」に映え、軽重な志々を天網な縁に受け留めて問答有用な業に両足を踏ん張り、大から小へ過ぎて及ばぬ量を篩い分けて公益な責務の質へ高め、隣人愛の縁を脈動し全身へ浸透して応じる。

㊟〔縁結ぶ〕心は、零次元「光有り」に和し像
「愛の万能→良心へ分化→志の再生」結ぶ。

戦前、憲法成立時の対外危機感抱く北進派と功を実利へ紡ぐ南進派の軍葛藤が事の是非を質し智恵袋を膨らませ論破する心の耳目を塞ぎ、北方の謀略に嵌り南方へ戦線拡大したことから、国民は、戦禍が乗す犠牲から真実を濾し取り、「農耕〜協働」に魂映う仏陀や「狩猟〜権利」に志現すモーゼの心を揺り動かした「親子の情」へ、葛藤の氾濫原を整流し、愛を頭に折り鶴へ良心の大器結う。現世を球体と解す信長の合理精神が異様な風体で親衛隊を組織し、僧侶が旧来勢に与《くみ》し降伏拒むや堕落と称し焼き殺した業火収むよう、以下のとおり、心々は「時空の器と高まる因果」を慈愛の性格「良心＋愛＝和」へ像結ぶ。

一義「解放し大容量な無辺へ縁網羅す」心々が愛を頭に自由に志膨らませ航海

すること。

根拠：水明な良心に志映え交流し、心々は、思慮高めて遥かに障壁を越え博愛の網打つ。

詳説：心々は、業深き良心の縁を撓ませ大空へ膨らむ志々の頭結い、愛に包み慈しむ。

二義「自由に対話し縁結ぶ」魂の干渉を光点に業な虚実を愛に統べ機能分化し志すこと。

根拠：苦き真実の良薬に蘇る心々は、愛の腐葉土に根付いて信用全般を向上し縁結ぶ。

詳説：思慮充ち初志蘇ろう抽象「空と愛」は、不可分な健康無垢に和《なご》み博《ひろ》き道理醸す。

三義「縁は像結ぶ」心々は、縁網羅して真実を濾し取り、実地に学ぶ自立像へ生長する。

根拠：良心の器を共有して立志し、必要十分な慈愛像の性格「汝の敵を愛せよ」結う。

詳説：愛の焦点を結ぶ良心の自由は、瞳に魂映え虚実な両岸を潤い虹渡す魂心の映像。

三、空な自然体、生長点「愛の光」戴く自由像へ

⑥〔正義〕業に両足を踏ん張って背筋を伸ばし、
　　心々は自由に思慮し伸《の》び代《しろ》を累乗する。

「教育が低水準」と銃の氾濫を評し物議醸す向上心は、正義を思索の帆柱に合理、行動の三本柱へ分化し、空前な神の自己犠牲を羅針盤に自由に膨らむ志を愛の見晴台に束ね、空凪ぎれば、因果渦巻き浮き沈む六界に微睡むことなき浦上の、業燃ゆ潮目遥かへ櫂漕ぐ。

尾張の虎は津島から熱田へ交易拡大し児に那古野城を任せ伊勢湾に臨む新城

へ移り、死後家督争いへ、兄の潔癖果断な性格が抗う弟を許すも再度謀反され自ら刺殺した。次走の秀吉は、和尊ぶ農民出で遠縁の清正も情理深く民を慈しむ。終の覆水戻らぬ器量へ自由な風が煽る雨滴に渇を癒す家康は、消えて現れるは必要十分の証と正義へ整流して調停し、三者三様に内乱を泰平へ導いた。片や資源枯渇に揺れる汚物満載の荷車曳く政が重大事故の宣言を見送り隠蔽臭わせてコソ泥も散見し、白球追い荷車に身を引く児は、汚染に里追われる業は我も共有、と額の一指を払い退け、想定外へ退く政の手綱を引き復興に加わる。

古、王が仏教振興へ喜捨し来世の功徳を問うと、達磨大師は「多寡は来世の小事」と応え「現世は来世の影で追い掛けても追い付かず」と、「眼前の私自身が本性か影か識らず」と慈悲の光が此方岸の闇を照らす魂々を干渉し諭した。義貫き情報に秀でた戦国の雄「越後の毘沙門天《びしやもんてん》」謙信は、関東横領目論む北条氏や治山治水し領国侵犯す宿敵の信玄と激突し、川中島では大将以下将兵が粗《ほぼ》死傷する戦を演じるも行き詰まり、師匠の僧から「識らず」を聞き公私の隔絶を悟って将兵の意を酌み交易航路確保へ踵を転じた。不況下、排他的ブロック経済が油田へ飛び火し、日米相互に意図を読み誤って外交交渉を炎上し易々と左右両陣営の謀略に嵌り、油を血で贖う戦へ議場の信用失墜し冷戦へ凝り残す大戦初頭、海軍が短期終結を目して苛烈な航空戦を展開し、熟練搭乗員を消耗して米軍の育成力「先ず制空」に圧され群盲な個別対応へ追い込まれた死の論理自ら「不思議」へ逃れ大局を逸した因「詭は奇襲」へ経済通の信長像を完結し隣組魂不在へ貶めたことから、和の礫「世界は一つ」が憎悪の報復に波紋を拡げ、表面張力し漂う玉々を虹渡す五輪を招致した。片や相合傘「皆で渡ればば」摑み道外れ、砲弾不足を敢闘精神で補う肉弾下へ墜ち死傷者累乗した日露戦の永久保塁や日米戦の諸島巡る飛行場争奪戦を省み、「非核三原則」を掲げ銃後の竹槍隊要無す国民は、津波に溺れた核廃棄物抑制を正義に、公序公益に言及する。

⑦〔行動〕何故か？　問い学ぶ個性慈しむ心々は、協調して愛を戴き臨機応変に協働する。

超過持て余す肥満体自ら素へ潰れて光列し、心々は、痩せ細る縁を十分な虚実から必要な慈愛像へ結い上げて博く洞察し、思考を共有して和み力を合わせ臨機応変に対処する。

大自然の猛威が高度な「バベルの塔」を水浸し、業病癒やす間も骨断ち出血す介入厭い近代化を急ぐ国民は、大から小へ「鵜呑むか、眉唾か、失笑か？」論理正しく選択し、早く高く遠く心技体を躍動する。草野球「二死から勝負」で先手必勝を期しリードした初回の裏、相手チームが若さを爆発し忽ち同点に追い付いて作戦を打ち砕く。「皆で応援し打てる球の他は見逃そう」とベンチから声が上がり、選手達は、チーム力が勢いを呑み込む総力戦への布石と悟り、一気呵成な決戦「一点上廻れば」を見切り「十点差で勝とう」と応じ持久戦「大勝か、大敗か」へ初動の信頼醸し、相手方は野次り合う内輪揉めへ沈む。

言論自由に社会の姿勢正し足並み揃う「継続は力」を、「経緯紡ぐ生活が平和への道」を洞察し、隠蔽膨らみ腐敗臭漂う負債を清算して足下の業へ縁網羅し遥か未踏峰へ歩む中、女の貞節か男の奔放か、主権辱む発言に和に殉ず慰霊が憤ることから、国民は「人は石垣世は情け」馳せ義に篤く修羅に酔い痴れぬ好敵手を得た如く、「対処しよう」と昼夜無い総動員常態後「もう大丈夫」と言う間に次が被災し、奢らず挫けず減災へ時を惜しむ。

⑧〔合理性〕**合理を胸骨に思考を肺胞状に膨らませ、心自由に慈愛像を結うて浮上する。**

中性子が降り注ぎ手当て虚しい業病満つ黙示録の警告を聞き分け、経済が軍事に勝ると、良心の十分から愛の必要へ関心を高める国民は、軍事中毒症候群を憲法へ整流し山紫水明な国土「和」の大器へ思慮巡らせ、田園の常無き水争いを溜池順番制に和し国際像結ぶ。

舟運を大動脈に流域毎の特性に適う生産物流の共同体を志し激突する武将中、信濃川流域を席巻す信玄と義の謙信両雄が北条氏の利根・荒川流域から相模へ三つ巴に戦い、片や経済に造詣が深く解放を継ぐ寵児として衆目篤き信長は、琵琶湖周辺を席巻して上洛し、淀川流域から沿岸の堺へ進出して海外事情に通じ、瀬戸内海の交易扼す毛利水軍を撃破し石山合戦の確執を和睦した晩年、木曽川を遡り武田氏を滅ぼし上杉氏を圧した。海外でも北軍が大河沿いに南下し、秦が黄河下り中原を合従した一方、旧軍が人跡希な山脈越え侵攻し餓え病み志潰えた。知恵者の秀吉は、瀬戸内海沿いに長駆侵攻し毛利水軍庇護下の中小武将を飢えや水攻めで落とし、決戦を膳立て信長に出陣要請中「本能寺の変」が突発し急ぎ京へ軍を大返しした。両軍師と練達の軍団率い人脈を「和」の政治経済へ巡らせ、民の生産力や利害共併せ呑み統一を果たすも、家康に最大の利根川水系等を与え禍根を残す。

虎視眈々と側背窺う二大勢力と和睦し西隣の三河を保護国化した義元は、失地し上洛閉ざす那古野城回復を試み織田方包囲下の大高・鳴海両城を救援するも、情報先取した信長が焦点の熱田湊方面を別働隊で反撃し主戦場と欺いた上、親衛隊率い初戦果に沸く義元本陣を襲った。以前も万余の軍を派遣し武田軍三千に大将首を獲られた今川方は「何故か」問わず因縁深き業から遊離した盲点を突かれた。「空白の一瞬」や「楽市楽座」を蝮から学び天下布武へ時を惜しむ信長は、刻々変化する全体像を「何時、何処で、誰が、何を」順に踏むチーム精神に拠って貫き、義元の想い通りに演じて疑念抱かせず勝算した。虎父子共に神経を遮断して心臓を鷲掴み、片や信玄が畿内と縁深き嫡男を自害させ時流把握未了のまま上洛途上に逝き、唯一謀略家の蝮が虎の虚実を看破し「応仁の乱」往時の土岐《とき》家同様な公家や将軍の庇護先、越前の朝倉家を動かし挟撃に成功したろう実力本位を共感し、信長自ら合理精神を大局観へ高め浅井家と同盟した会心事を、髑髏を杯にした異様な心理の動機を「必要十分」に覗い知る。初対面、舟運盛んな湊に遊ぶ餓鬼大将が礼装し現れ、虎譲りの周到な演出に蝮を驚かせた信長は、全方位な蝮の楽市楽座を推し進め既成概念を刷新し、片や義元は、元康（後の家康）に農本位な経営を薫陶して新旧両勢力が桶狭間で激突し、民は、上洛し大々的に特産品を売り出した謙信同様、知的潔癖な合理精神を悋気に現し流通促す信長へ情報提供した。武田家滅亡後矢面に立ち功績大の家康を歓待中、毛利軍と対峙した秀吉が出陣要請し、信長は、政を総括して山陰道担う軍増派し対毛利進攻の態勢を整え出陣するも、畠山氏家臣出自ながら経済通の平氏謳い比類なき「本能寺の変」に高転ぶ。舅に本拠清洲城の守備兵派遣を依頼し親衛隊率い今川勢を破った頃に比べ将兵が前線へ出払い手薄な上、増派軍主将に任じた老将に出雲と世界有数の銀山領す石見両国割譲を約束して利に誘い半兵衛や息女同様の自尊心を痛く傷付け、秀吉の桁外れた活躍が触発した如く謀反され事態が急変し「是非もなし」と公職保留し炎に消え憶測々を呼ぶ。

土岐家支流の老将は、将軍家に次ぎ臣従した織田家が農から商へ革新中で遠き移封を当家集権への布石と覚り、革新政権を潰え源平択一へ復そう公職を巡り内戦が再燃した。変直後、軍師が源平回帰の至難覚え天下取りを進言し、秀吉が諸将率い大返す中、期待した明智家縁戚の源氏細川家が革新路線を支持し旧来構想が呆気なく瓦解した。止む無く老主将は、前衛を後退し天王山《てんのうざん》を右手に淀川《よどがわ》を左手に街道塞ぎ布陣したが、秀吉が天王山を先取し旋回した為、自然体で左翼端から崩され「山崎《やまざき》の戦」に敗れ裏切りの汚名に逝く。後に家康が征夷大将軍に就き、時代揺るがす大事迄志々を濃淡に映え収束へ向かい、常套句「天王山」を残す。片や情報に精通し生涯戦の先頭に立つ謙信は、家臣間の不和に辟易しながら特産品の生産販売を促し、戦も雪国の出稼ぎ化した。同じく

「人生五十年夢幻」と浮沈を舞い謡う自然児の合理精神が虚実の意外性に手を染めて自由な商道徳を普及した。次走の秀吉は、情理に篤く軍師が同僚の疑惑晴れる迄子息を匿い、飴と鞭で籠絡し内政統一しながら海外事情猿真似し高転ぶ。三走の家康は、幼少二度の人質を経験した数奇な運命から「衆生は利害で動かせぬ」と天下泰平を大義名分に事由吹き荒ぶ器を水明へ鍛え上げ、不問の甘え截つ法治へ復した。港湾要塞を長躯急襲占拠した義経が武家政権を志す兄に追放された源平合戦の残照に「本能寺《ほんのうじ》～黒船《くろふね》」を重ね、破綻の責を惨めな汚れと飢えへ切り捨て子女迄自処分強いる政局の重大を覚る、心々の縁が価値を生む見解は如何か？

⑨〔全体像〕良心の湖面に高き愛を映え、「崇め」から心自由な「悟り」へ立志しよう。

「始に光有り」と踏まれても起き上がる飽くなき向上心は、不要不急な但し書きを篩い落とし縁な器に反芻して福招く全体像を大摑み、為せば成る愛の自律系統「あるがままに思慮せよ」が全身へ脈打つ消費者目線映え、利潤巡る節目順に心通わせ丹精込めて商う。

聖徳太子が遣隋使を派遣し百億の化身や百万世界へ魂々の性根拡げて文化交流し、稔り頭垂れる例祭に神々を招く傍ら幼い釈迦に甘茶を注ぎ誕生祝う「和」へ懸案堆き国政を刷新した。掌から逃れよ、と鼻高憂う観音様に課され地の果てへ金団雲を馳せ署名した岩山の実は指で、逃れぬ封印を三蔵法師が法に解き、子供達は、仏教伝来路遡る師を妖怪から守り活躍する悟空に大喜び、親子の情「愛の終着駅は良心の始発駅」に思わず声を上げ光明無辺な宇宙へ居並ぶ菩薩連率い魂救う将に将たる仏陀を敬い、縁な良心の脈有る張力を愛へ調整して虚実堆き思慮を光変換し大観する。片や、愛の大所を値踏む猶予無き死神に同行し合意顧みず、軍令外の人と予算を軍事へ注ぐ戦火から避難し群れ斃れる絆を平和像へ結う衆生は、金権体質「数の論理」を法に裁いて信用を重しに、良心の縁を船体に、愛を見晴台に自由に志膨らませ、寄せる運命の大波から真実を濾し取り咀嚼吸収して路拓く。

㊟〔全体を眺望し空《くう》に構想〕自由は必要十分の証、と埒明かぬ傍観から受難律す主権者へ！

「命は地球より重し」と常無い全天候の空を仰ぎ、首相が決断して全人質を救い「心が物の値《ね》を生む」と証す一方、「天国良い所一度はおいで」と誘われて目覚め、欲情と煩悩に溺れる死の瀬戸際から生還した泥酔者が「恐ろしきは地獄修羅飢餓畜生人間天上の六界巡る業」を歌い笑わせ、方便塗れた心を自由に洗い癒し慈愛を頭に網羅した縁を良心の部位毎へ結う聴衆は、憎悪戒む毘沙門天の憤怒が黙示録の未来像「汝殺すなかれ」と覚り、将な前頭葉を梁渡す「配給の石鹸が届かず作業服が油塗れ」や「動員の食事は糠と芋蔓」が空《むな》しく鳴動す修羅を暴き、満ち飽きぬ勤勉の量を自他を識る責任の質へ高めて政司る。

四、生長遥か、博愛に蘇る魂の郷へ

⑩〔再生〕驕りと呵責の自縛を解いて自由に飛翔し、
思慮堆き心のままに従う高見へ！

思考重ねれば飛ぶんだ、と飛行場眺む烏《からす》も後追う雛《ひな》も「知恵を侮るな」と好奇に学び、人々も、脇見せずルールを守って全行程を進捗し、魂々が一体に干渉する無事に和む。

稲作の和「共に働く喜び」が黒船来航を発端に「主権を守ろう」と開港し、内外流転す氾濫を国会開設と不平等条約撤廃へ整流するよう近代化を国是に憲法を制定し、政権に復した天皇を首相が補弼し権力乱用を抑え納税兵役両義務を課す立憲君主制へ舵を執る。因襲が建制刷新を阻む武威抑え天皇が直接軍令下す補弼外の統帥権を設けた処、戦禍が再生力削ぐ陰影に日露戦の軍事費調達に苦しむ政府側の、当の憲法の主宰兼起草者が気付き、軍令と補弼下の軍事との分離徹底を元老と合意するも後事託す官僚と共に相次いで逝き、暗殺やクーデターが横行し言論の自由を黙す恐慌下、彼の横死が統帥権改正を遠のき、軍が「和」を踏み躙り「勝つ迄は」の鉄血優先、生活二の次へ人と予算を蚕食し、政司る手綱緩み旧憲法全体が飲み込まれた。国際情勢流動化し信頼醸成の機運高まる傍ら人権事件が頻発した戦中、此が顕在化し重篤な結核病棟へ医療知識無く動員された女性が罹患し、永い闘病の末子迄もが逝く思い遺りが仇なす無念に、隣家の孫が母子を引き離さぬ祖母の甘さを訝り「修羅が元凶」と平和を志す。元来礼節は、駄目々と心を事細かく規定し息詰まらせず、自由に呼吸して道理に適え天下を論ずよう教える。片や、優る技に振り回され弾道描く間無く体力潰え、猛から敏へ向上心の主体性を覚え飛翔した海軍が石油に渇き、一億総玉砕「働き手の壊失」へ特攻強いて生活の復元力を削ぎ、住民全て焼き払う核至上の憎悪に迄同調し懲りぬことから、国民は、試練多難も好奇心と勇気に裏打し忍耐労り恒久平和を宣言した終戦の詔に倣い、自由に声を掛け合って博《ひろ》く対話に応じ核兵器廃絶を誓う。

夏休み、仲買人兼魚屋の祖父がCaを摂るよう魚の骨を焼くも乳歯で嚙み砕けず往生したろう真っ黒に日焼けした息子達に煮干しを背負わせ祖母の実家へ行かせた。実家では裾分けし下隣では此を手作りの味噌に漬け美味しく食べた成果か、還暦目前の孫も骨密度十五歳未満、血管年齢四十代半ばと健康が魅惑に優り、縁な蟬時雨満つ修道院裏の河面に臨む虎の呻りと飛燕の囀りを臨機に聞き分ける。末世、新興の伊勢平家水軍が銅銭輸入して海外交易を主導し、摂津源氏が御家人に荘園安堵す東西潮流に民が因果現す源、戒律尊ぶ長老と昼食時を巡り論争した若手が「あるがまま」の教えを「空」にまとめた如く、慈悲の頭結う衆生は、のっぺら坊な心々が相滑る葛藤を良心の掟に収め「駄々を捏ね」を「他人任せ」と、「親切に」を「自立心」と解く「空は光」の高見「中庸《ちゅうよう》」へ遡る。目前、黒い塊が谷へ転げて無口な白犬が後追い、銃声も轟かず自然淘汰の餌「塞翁が馬」を覚え、「経緯や言い分を問う心は、寄せ木細工でなく縁脈打ち鍛え上げた像」は、虚実に因す生長「雫」が慈愛へ高まり詩情豊む「抽象の峠」越え、光明な良心の水面《みなも》が拡がる「具象の里」へ降り立ち、あるがままに「和」の大志を調和して博愛戴く自由像へ生長しよう。

⑪〔対話〕慈愛を共通言語に良心の基本ソフト上へ
情報毎の目鼻立ちを抽出し調和する。

業な脳幹が心通う大脳へ発達して重き足枷を解き、奢らず挫けぬ向上心を培い、力自慢の弁慶も身軽な牛若丸に心服し数頼む未分化に顔赤らめ、不覚な禍から慈愛へよじ登る。

「永年通う隣が?!」尋ね驚く灯台下暗しが災害調査中、不覚に見知らぬ宅前で胸が高鳴り、十年後「婚儀の相手先?!」ならば、妙に紅い琴線「心が魂々の干渉を感受」を覚え、善意矧ぎ観音様も爛れ伏す死の政商・額の666の重篤を「汝殺すことなかれ」へ、繁栄の陰に戦禍溢れ窮乏氾濫す頭大短足な「抑止論」から核の鎧解く「廃絶」へ導き、転生の歩騎連ね損傷厭わぬ塹壕戦を破り酷暑極寒も業深き恒常な心々を共鳴しよう。実際、化石燃料依存症に茹だり救世主に目す核分裂が廉価泥縄な汚物山積し、あるがままな正直を利敵行為と云う脆弱孕む人類は、真理を希求し主権行使する。幕末、開国へ日米通商条約締結した武家残照を統帥権に払拭し、日露戦では内務大臣が降格し満州軍を作戦指導し表面化しなかった軍事と補弼例外の軍令との分離徹底途上に主宰が横死し、軍事抑え政党政治を幕開け、又占領認めず「話せば分かる」五・一五事件で応じた両首相が殺害され、二・二六事件では首相が皇道派襲撃班から間一髪逃れ反乱に処し、統制派が軍掌握し対外危機感の重石外れ予算と兵役を牛耳って議会も翼賛化し、独攻勢に耐う英が米参戦を渇望し石油禁輸へ重篤化したことから、国民は、自然界の封印解く高度技術の、大量消費の放蕩三昧な懲りない諸行に大器の片鱗を見ながら山河膿む汚物持て余し、洪水と戦う木曽三川輪中住民共、勿体《もったい》ない大地の多様な再生「落果一つにも歴史有り」を学び摂り文化交流に励む。

⑫〔光は空〕災難は業故に此彼両岸の理
「空は光」が良心の自由を姿見に愛の行方導く。

放射能汚染下の終焉666を周知の日常規範「モーゼの十戒」の六番目「汝殺すことなかれ」へ解く大衆は、命《みこと》育む后が六界を巡って黄泉痴れる修羅の波間に沈み掬《すく》われ帰依《きえ》した無常《むじょう》の慈悲《じひ》へ文殊《もんじゅ》の知恵な虚実を履き揃え、黄泉《よみ》誘う政商に禁断の果実を委ねた上、農地を宅地化し餓え萎えぬよう、過熱す消費を過ぎたるは及ばざる中庸な大所へ収める。

麓の公園に及ばぬも中々賑やかで鶯囀る尾根道を渡り鳥が群れ越え、鉄砲担ぐ狩人連や自転車乗りが挨拶交わし通り過ぎ、時折教習所のオートバイが一列で練習登行する。先頭の教官が見事に体躱すと後続の横滑る新入生を高見へ避ける遊山者は、神業なスケッチ画の撫子《なでしこ》が総意醸し異臭放つ核中毒を洗い流す運命の泥濘を踏み固め、摩訶不思議な第三の眼も体験する。林道外れ人気ない鉄塔管理道へ入って直ぐ右手後に視線を覚え振り返るも誰もいない。歩む程に右後頭部が圧迫され、どうにも見られている。再び足を止め振り向くと数米《メートル》離れ見据える黒い猟犬と目が合い、達磨様が転んだ魂の干渉に思い及ばぬ畜生は小走りに去った。魂々が光陰に干渉して心の琴線を共鳴し好奇な猟犬も踏み出し難い偶然を心の必然へ高む衆人環視下、見事な組織手際の容疑者を晒し射殺され動機を闇へ屠って泥沼の戦争に嵌《はま》り、政が軍御し難い疑念渦巻き反戦運動が高まる中、茎根這わせ咲く華解けば空っぽで糸々が撚り合う隣人愛「共助し支え合う」を覚え、逃れ難い爆撃下、天下に気心知れた秀吉おね夫婦の口喧嘩から守る術なき児の言い分を聞き分ける「子は鎹」迄屠る黄泉に憤り、良心の根付きや張り様を確かめ真理を濾し取り時空の上澄みへ浮上する。

㊟〔問答へ〕青髭が赤ら顔へ問う。「うむ、光が満ちる始《はじめ》か？」
「まぁ、無垢な零、と解く。」

「何故か？」と未知へ挑む青髭の有無と赤ら顔の魔な両天邪鬼《あまのじやく》が脳梁介し、桁数の大は高、小は末広き業な深淵を覗き、中庸な経緯主義の白眉『良心の自由』を姿見に平等、博愛順に視点高める立志像は、公私二重に固有な絆織り、光放つ大自然の再生力に浴す。

「うむ、千里の道も指呼の間、な意思の発露に、目的遂行に励む我等の紹介は後回し。先ずは、法律毎が鬩《せめ》ぎ合《あ》い芯白き谷迄市街化し、生活と安全の両足元を確かめよ、の加重は?」「まぁ、愛へ縁結節《えんけつせつ》し脈打ち分散する。古、敗将引き渡し拒む僧が寺門共炎に包まれ無我『心頭滅却すれば火も又涼し』に殉じ、押し寄せた兵を震撼《しんかん》した論拠生囓って青褪め雪溜まりに非常停車託そう旦那は、好事魔多き癒着を解く自由な魂々の干渉を覚え、全方位へ心遣《づか》い思《おも》い遣《や》る奥方の博き節度に礼し開運背負う。」「うむ、絶体絶命下助け合い、又悼む仲間意識が知識や行為全体を健康体へ抽象して共有し襟を正す信心《しんじん》は、難解《なんと》いて魂心の慈愛冠す母子像に感涙し、片や子を抱かぬ像に対話を拒む違和感を覚え、人事疎かな一方通行の開明に及ぶか?」「まぁ、真実に根付き徹頭徹尾迄学ぶ信心は、疫病癒やす博愛を覚え、無償と有価の何れか妥当問うて必要十分な言論の引き出しへ整理整頓し、大器に諮り総意を最適化し実現しよう。」「うむ、理解し工夫する互助魂が虚実な縁々を紡ぎ、良心に十分報いるか？」「まぁ、順に道理を踏む言論自由な思考は、正当な信用を裏切らぬ。」

免許取得し購入した中古車が大水害の冠水に浸かりブレーキを踏むとハンドルを取られるので店に見せた処、異常無しと、別の工場では、錆びたブレーキを取り替えると云う。事故招く大事を販売済みの苦情処理、片や親身に聞く縁に地蔵菩薩の化身映え、陰陽な虚実の接点欠く二次元未満を重き無辺な大海に大統一な愛灯す心理へ踏み込むので、背の道踏み外した、と転落に気付かず立ち上がって又墜ち、後の祭に共倒れせぬよう努々《ゆめゆめ》眉唾を！

五、光明に魂々の「必要十分」を覚え、愛が頭結う三位一体の映像

⑬〔覚え認む〕傘、傘と禁断の果実を鵜呑み憎悪吐き戻さないよう地蔵様と流転常な深淵へ。

魂々の共同作品な愛の試練課し神が預かる業を解き明かすよう、過ぎ去る前世から這い上がって群れ引き摺る黄泉に愕然し、稔り頭を垂れる和を仕様に心自由な委任に応じる。

「うむ、関心高き大事を公表しながら私の目先へ生長を足枷し、何故、本末転倒な自己完結に喜ぶか?」「まぁ、不可避な調停を彼の交戦国に要請し、情報

入手困難と云う相合傘に彼が増長し、国民は、心の自由水面が業貫く衝撃に耐え、聞くべきは聞き云うべきは云う『和』を国家理念に憲法制定し『日出ずる処から日没する処』の門戸を開き内憂外患を一括解消した太子の、和の国家像を継ぐ。後、源氏が禅宗に帰依し政司るも蒙古襲来の防衛負担に倒れ、貨幣普及に窮す御家人救済へ徳政令を頻発し下克上へ泥沼化した。終に黒船来航の波に呑まれ宗家へ復し、殖産振興へ国力刷新して覇権鬩《せめ》ぎ合う特需《とくじゅ》から景気が好転し、悪し様平清盛も再評価し国際参入しており、思い遣る互助の精神を大切に！」

木曽三川西方、二重の養老鈴鹿《ようろうすずか》両山系と北の伊吹《いぶき》山系の開口、関ヶ原〜米原間は大動脈として東は濃尾や関東平野等へ肥沃な農地が、西は琵琶湖から淀川瀬戸内海を経て大陸へ航路が発達し、朝廷が「不破関《ふわのせき》」を置いた壬申《じんしん》の乱《らん》後、東の騎馬軍が義経の神出鬼没な活躍で西の水軍に勝利し、後に、信長が平家を標榜し流通疎い武威改め楽市楽座の自由経済圏を拡充し統一目前、ブルータスお前もかの日本版「本能寺の変」に仆れ、秀吉が石高建制し、終の家康が源氏標榜し征夷大将軍に就き、米流通を促して読書算盤《よみかきそろばん》が普及した。

⑭〔要旨整理〕自由像「汝活かせ」が多難故に
博愛の責へ大器の収支決算し平和を担う。

波高き人生は二歩退き三歩前進、を合い言葉に虚実の分水嶺を遡り視界博《ひろ》き愛を志す。

青髭扱き問う。「うむ、信用が試練に耐え得るか問い公正期す女神が、不和病み死商うか?」「まぁ、自由を怨念へ不全して脳の硬化を遅延し心長ず業を病む。」「うむ、高次元の語句廃し、機能全開『零次元の光を始点に時空と作用す真理とが一対に相移転』し、肥えた慈愛像毎が重力場へ紐状に渦巻いて虚実一体に光り再浮上か？」「まぁ、光が波と粒両性格へ分化し三位一体に勢揃い、パンのみに生きざる魂の祠、空な網場へ銀河群れ浸透膜へ生長、と痣赤らめた。」「うむ、共生拒む武士道は死、が独快進撃の尻馬へ火達磨に御者無き馬車を奔らせ、術無《すべな》き児へ功罪が靡くか？」「まぁ、十戒の五番目・親子の絆が額の刺青６６６を六番目・汝殺すなかれへ裁き、寛容仇為す主語曖昧な核を廃すよう、慈愛が魂々の干渉を覚え家計簿から政経動向迄光芒包括し、自由平等な博愛を覚《さと》ろう。」「うむ、虚実な両刃の下、幸福か？」「まぁ、幸多かれ、と双葉芽生え共生する何処に死出の道筋を見出したか疑問で、忠義争う責任破綻から慈愛を頭に信用培い博き大志を蘇ろう。」

浦上の信者連が竣工した大浦天主堂を訪れ母子像に感涙し「隠れキリシタンの里」と神父が報告した信仰を諸共に焼き払い、懸命な救護及ばぬ空前の殉教「生まれ出る苦しみ」が孤児慈しむ。三英傑の終《つい》搗いた餅を頬張る家康は、松平家や人質先今川家の仏僧の叱咤や薫陶で衆生救済へ開眼し泰平を想い描いて議論に耳を傾け、猛者が帰依した石橋を叩いて渡り、盾に矛は無用と舅の合理潔癖が嫡男を疑った折には切腹させ忍苦貫き狸親父と噂された。野党側意見にも一理あり、と首相が大同説き消費税受け入れ泡収めた国民は、震災直後、連鎖分裂の炉心溶融に言及した担当者を更迭して個別対処に腐心し、二ヶ月後東電が認める迄、放射能舞う風下へ住民が群れ逃れたように、重大事故を宣言せぬ政府の骨肉な原子力政策に、重き尻で胡座かき汚染堪う戦勝国と脱原発へ舵取る敗戦国共憎悪漁る煉獄に声上げ、懐く孫に乳を吸うような少食を戒む親身な愛の大綱拠る。子は、此の少食な親が手強く有り体の芝居では論理が矛盾し見透かされ、真実の芋蔓を頬張り真剣勝負で自己主張する。

抑留地へ極寒訪れ伐採事故や栄養失調で逝く友を一同が荼毘にふし、遺骨は、親しい兵が身に縛り付けて復員する上官へ預け、遺族へメモ入りの遺骨箱を手渡す部隊の生還者や放射能の惨禍を暴く報道が「良心の自由」を街々に息吹き、具象一辺倒に宗廟破却《はきゃく》す烏合の衆を中庸の高見へ先達し、大容量の結節点、博愛へ旺盛な志慈しみ言論自由な髪結う。

⑮〔まとめ〕慈愛へ集約抽象して自我の殻を破り、
和気藹々と語らい自由に立志しよう！

ガイア駅の誘致へ連携努める旦那も、大志の生長預かる奥方も、愛と良心を必要十分に宇宙「空《くう》から生まれた光戴くメビウスの輪」を巡り体幹高める「光の慈愛像」が陽の過剰熱以前に自前の憎悪に炎上せぬよう、自由固有な経験を学習「和」へ帰結し、無辺「終焉」から有意義「誕生」へ心技体培い、社会通念上へ総意を醸し不可分に要約して体成《ていな》そう。

心技体鍛え運司り鬼神退くアマチュア精神「参加に意義有り」が雨後《のち》晴れな和の風土へ五輪「世界はひとつ」を躍動し、満ち引く産みの苦しみな二重螺旋の選択肢「何故大事か」を瞬時に視認す熟達を忠義、と個別へ貶め武士道か、逝いて商う黄泉に烈火の痣茹だる。

「うむ、正直を地獄《じごく》の沙汰《さた》へ煽る政商は禍根か?」「まぁ、全行政機関を焼失しGHQ統制下、街へ不法が浸透し疎開先から帰省した男子は餓死、女子は行方不明になった。消費は美徳な高度成長期、数は力を豪語し実弾ばら撒き辣腕振るう不心得を法に裁き、空高く舞い溶け落ちたイカロスの翼も創意工夫の妙へ蘇ろう声『平和を主催せよ』に応え、忠義を三途の川の渡し賃に玉砕へ痩せ細る背骨を矯正すべく地獄を訪れる地蔵菩薩に救済請えば、法力が黄泉迄商う法外な収入に結託し炎遠望す核の傘下へ退く政を叱咤し、愛の行方定む数知れぬ魂を干渉し世上へ現して放射能障害の実情を報道し、衆生は、真実に学ぶ愛の大所『衆生自らが審判者』へ、消耗から生長へ包括し平和の意義を語り合おう。」「うむ、現世《げんせ》を仮住処《かりすみか》にドラマ演じる役者魂が有《あ》り体《てい》に語る自由人の生長を手助けか?」「まぁ、簡明に『自由』を社会貢献の主体と解し普段着の思索結う衆生は、核が象徴し蝕む環境負荷の累乗を機能不全の主因と覚悟し『廃絶』へ協働しよう。」「うむ、隣人愛『良心と愛』を節目に友情を培い、数多な話題を持ち寄り問答盛んな子供達は、真実の高栄養価を無駄なく消化し、尚更、後先な選択の自由『終焉と再生』を解せず心惑い空《むな》しい虚偽喰らい痩せ細る餓鬼然と貪欲に戦う葛藤迄、汝の敵を愛す博愛に包んで自由像に背負い、何故を論じ励まし合い必要に応じるか?」「まぁ、自由に思考し好奇心旺盛な児達は、調え難い根幹迄満たす労多き心々を蘇るよう隣組精神を土壌に、機微に心々通わせ参加し、一に、『観光』然と広範な地域の社会性迄見聞し、二に、博愛へ『自由な憲法精神』を具現し、三に、『和』に包括し、疑義深き探求の藪に均しく光溢れる慈愛の大路を拓こう。」

⑯〔生長へ〕６６６は人類の三分の二の殉教死か？ と息苦しい高々度へ心肺を鍛える。

師は、諳んじ臍「不十分は悪し」噛む生徒達が論より証拠へ実験して故を問い知識全般を咀嚼吸収するよう教え、苦労せよ、と秀吉が子弟預かり養育し、家康が信義問うた母国遥か、将兵が財政と砲弾不足を身に換え突撃し斃れ、満州軍が政府に早期終結を催促し泥沼目前で踏み留まるも一穴から修羅膿み、「数えずとも直感で小数点の位置が解る」と県下の手回し計算機競技会で毎年優勝した強者も驚く沢山の戦車や大砲が集結し反転攻勢出立直後、降雨の泥濘に嵌り、慈愛が負荷や付加価値を凌駕して収支均衡し生長を期す。

課題を共有し後天の良心を学ぶ心々は、知的好奇心を覚醒し自由に意志を縒り合い知恵を学び摂る。此の一筋縄で解き難い虚実な絆を頭と骨格に立体映像化した前半を卒業し、後半は、魂へ良心の双葉芽生う多神教と、肉体を池に霊魂と理性を司る精神が山上へ愛結う一神教と、衝動を性格に統べ思考力培う礼節の三宗教家が会合し時を忘れ問答し虎渓《こけい》を渡った故事に倣い、惨禍の病巣を根治し大自然の摂理に適う児達は、鋳物から衝撃に耐え丹念に自画像を鍛える将兵が敗責を一身に担い神風の故事に倣う米上陸目前、住民避難禁ず軍や不潔と飢えに肥る憎悪が重篤な結核病棟へ伯母を動員し、兄と慕う子達迄罹患し釈然せぬ孫が「寸前迄戦争してた」と誕生に驚いて溢れる魂々を想うので、一緒に深層心理の宝船「良心と愛」を荷揚げして迎え重く数奇な縺《もつ》れ解き、六界踏む良心の関門「仏の顔も三度迄」から解脱な胸突き八丁「抽象の峠」を越え、必要十分な隣人愛を目指そう。

六、大志を映え、視界広き隣人愛へ

⑰〔実践へ〕重き無辺から集合「和つ戦」へ

収支司る大脳も脳幹包み主知に余念無い。

業重ねて生命紡ぐ自由覚え黄泉に溺れる事無き心々が対話し、風光明媚な動静、森羅万象の泉を望む達見「侘寂《わびさび》の美」に不向きながら虚実乗じ解を末拡がる波長幾重の調和と、一面浸水し二階家へ蛇や鼠も続々避難する不協和音とを聞き比べ眉唾を本格具象したい。

旧苗木藩中一村落が改宗せず流れ来た仏像を堂に奉り信心する元近衛兵を夫

に迎え破顔饒舌な曾祖母に似ず無口な祖母が「他人《ひと》には親切に」と呆けて呟く。火焔遊び叱られた孫も得心し人を援け我も活く隣組魂がアナログに季節跨ぎ耕す東洋とデジタルに空間識調して微積分し狩る西洋共に満ち引く自由水面へ志の明暗を映像結ぶ「光と心」の実践例に、戦中和が脈打ち百年の内乱を一日に終息した関ヶ原合戦を取り上げ、満州軍が西軍敗退の虚像に学び露軍を全面撤退させた奉天会戦に比し、日影の清算役が内戦収むと証したい。

　秀吉は、竹中半兵衛が父親と当地を奪って築き治世の大手門の鍵穴を掌中にした居城、南宮山に対峙し東山道扼す「菩提山《ぼだいさん》」を上洛阻む天王山と目し、後背に石田三成を配し信長の名轟く桶狭間《おけはざま》合戦で今川先鋒隊主将を務めた徳川家康に備えた。大手門北扉頂の西濃有数な菩提山城の主《あるじ》を味方に戦前夜《ぜんや》、家康は、毛利軍陣す左手南宮山陰《なんぐうさんかげ》を牧田川沿いに退く三成麾下西軍主力軍を追い、舟運の湊・大垣輪中を南に臨む「金生山《きんしょうざん》」の膝元、大垣市赤坂《おおがきしあかさか》から菩提山城下、垂井町府中《たるいちょうふちゅう》「美濃国府の意」～岩手《いわて》～伊吹《いぶき》経て関ヶ原町野上《せきがはらちょうのがみ》へ直行した以下の疑義について「桶狭間」敗戦から何を学び泰平像を描いたか、篤き心々の軌跡を追いたい。

Ⅰ．東軍の誰が意図し、国境の要地迄東山道《とうさんどう》を通じて天下へ大火の「風穴」を開けたか？

Ⅱ．何故、関ヶ原を見下ろす北端の扇状地に、ポツンと「決戦地」の石碑が佇むか？

Ⅲ．西軍将が「風穴《かざあな》」塞ぐ手立てに窮し、大火に巻かれ「金吾め」と罵り自刃したか？

関ヶ原合戦は、東軍が東山道を奔り二大街道交差先の「不破関跡《ふわのせき》」を押さえ開戦し、伊吹山源の藤古川両岸に布陣し常套「左旋回」の右翼毛利軍を切り離され大敗した西軍を範に、奉天会戦は、満州軍が露軍両翼端から突進破して勝利し不破郡《ふわぐん》の特性に想い及ぶ。西の関ヶ原は、京から稲作の後進地中部山岳を打開し奥州迄往来貫く東山道と伊勢神宮北国間を結ぶ二大街道が交差し、大海人皇子《おおあまのおうじ》軍が集結し山河に戦い政権に就いた壬申《じんしん》の乱後「不破関」を設け都有事の情報漏洩を遮断した。南北両山並みを仰ぐ東の垂井は、木曽三川渡河点「赤坂《あかさか》」丘陵から以南に拡がる海抜零《ぜろ》メートル地帯の北端大垣《おおがき》輪中に臨み、国府や東隣「青野《あおの》」には国分寺が置かれ日本の地政上の均衡を東西に傾けた要衝ながら西軍主力軍が関ヶ原迄退き、真田《さなだ》隊が稼いだ時も虚しく東軍に機動を許したⅢは、大谷吉継が引き返し佐和山城主三成と談合後、失明に危ぶむ友の垂井城主を伴い住民や旧知忘れ形見との意思疎通を遠のき、時の運に見放され万近い将兵迄道連れにした凶か？　此の両派に分かれ、旧軍発の通説が利で釣る豊臣家風を忠義へ繕う朝鮮戦役当時奉行の三成は、黒田官兵衛の撤退し守る意見を容れず平壌に留まる小西行長との和平交渉で時を稼ぎ、南下駆逐追撃する明国精鋭の騎馬砲兵軍を間近に「漢陽」籠城を主張し、補給困難、と主将小早川隆景が退け、立花隊を先頭に全左翼軍が出撃して撃破し日明本格交渉へ向かう「碧蹄館《へきていかん》」に似た、毛利隊後に小早川隊、大谷隊が続く左旋回隊列左手後へ大垣から南宮山南麓を退く三成麾下の「迂回」が空く北扉奔る「直行」に圧され、東軍は、福島隊を頭に不破関跡を押さえ対岸松尾山の小早川隊等から此方岸南宮山の毛利軍を切り離し左旋回の激戦を展開した。東軍宿営地「赤坂」正面の北扉空き天王山同様の軸足無く西軍三軍団毎が土俵際へ追い込まれ疎遠漂う。忠勤励み挙兵した三成と、報に接し上杉佐竹連合軍を前に東征の踵返し「杭瀬川《くいせがわ》の戦」を眼下に徳川本軍未到着を嘆き後腐れなく対処する家康を両主将に、着陣夜半西軍主力軍が大垣退城し関ヶ原へ向かい、家康は、軍監本多忠勝始め先鋒軍諸将を併せ、菩提山城主が井伊直政の仲介に応じて味方し空いた北扉を駆け抜け、東軍を展開分掌し、自身は南宮山に対峙し相川を桃配山《ももくばりやま》へ渉り左旋回を阻み、見参直政が元武田騎馬隊率い主力軍を先制攻撃し軸足福島隊を支え開戦した為、夜半迄大垣城の後備ながら朝霧晴れ敵中浮島化した毛利軍救出へ此方岸に背水陣す主力軍が猛反撃し、後《のち》参戦した島津隊も福島隊方面へ鏃突貫した。

信長縁《ゆかり》の岐阜城は、沈降氾濫原の沖積平野を貫流し南遥か伊勢湾へ注ぐ山紫水明な木曽三川を一望す扇の要に位置し、東遥か御嶽山を源に大河の面影残す木曽《きそ》川、足下に長良《ながら》川、西方遥かに低く揖斐《いび》川を配し、南洋由来の古火山島擁す中濃の中山道《なかせんどう》三大難所の一つ「太田《おおた》の渡《わたし》」河岸《かわぎし》に哺乳類の足跡を残す。此の中央構造線以北の縦皺、伸張し分離した大陸縁へ沈み込む比プレートに引き摺られた瀬戸内海から京都・奈良盆地や琵琶湖、濃尾平野を分かつ山系群の一つが比高差千米《メートル》超え開口し、東西交流の関門為し「天下布武」に相応しい大眺望から明治期に日本初の観光用城郭として復元した。古来、不破郡は天秤の如く日本の政を傾け、今も新幹線始め交通網が四方に貫き日本経済の屋台骨を支え、車窓間近に花畑が東西二粁《キロ》に拡がる伊吹山頂台地を望む。信長横死後、織田家を継いだ孫の秀信は、西軍に味方し木曽川河畔で東軍先鋒軍と戦うも敵わず渡河許し、翌日大手搦め手共攻城囚われ高野山に逝き、両日奮戦しながら猪武者と「天下分け目」の責を一身に背負うので、進退自由な風穴を焦眉に東軍の煽る大火が国境の村迄燃え拡がり、独教授机上の会戦思想を炎上した義経、信玄、信長へ続く「機動の系譜」と、最上の獲物東山道を掌中に東軍が四方に通じた大動脈の心臓部、二大街道の交差点を押さえ逆突進しそうな毛利小早川両軍間に楔を打ち込み西軍を三軍団毎に分割して幻に終わり、「小牧長久手」で家康が右旋回へ誘い大勝しながら左手守る信雄が秀吉と和睦するや軍事行動を諦めた豊臣方常套「左旋回」とに立脚し、東征中止後清洲城へ戻った武断派家臣団との大河畔の激闘迄辿る。

家康不在のまま家臣団は岐阜城攻略に合意して清洲城を進発し、右翼軍は織田秀信軍の銃撃・奮戦を退けて木曽川を渡河し、左翼軍も対岸竹鼻城内の裏切りに乗じ抜いて岐阜城下に合流した。翌日攻落し、翌々日東山道を西進し長良・揖斐両川を渡河して三日間で木曽三川を走破し美濃赤坂の丘陵に宿陣した。此の攻守所を換えた知らせに、家康は江戸城を出立して先鋒軍と合流し、輪中堤が囲む大垣在城の西軍主力軍及び牧田《まきた》川背の南宮山から伊勢北国街道の対岸、藤古《ふじこ》川右岸の松尾山《まつおやま》へ集結した後続部隊と相対した。着陣日の夜半、西軍主力軍が留守部隊を残し大垣退城し乗じて東軍も西進した。律令時代、朝廷が美濃国府や国分寺を、壬申の乱後は小溪谷を見下ろす不破関を置いたように木曽三川と三山系開口部が接す不破郡は東西交流の要衝であり、故秀吉も支援態勢を配していた。雨の夜中、西軍主力軍は、南の牧田川へ迂回して退き支川藤古川を背に軍勢を展開した。気付いた東軍も菩提山城下を直行して不破関跡を頭に展開し、行軍隊列で宿陣中の毛利軍を切り離し左翼拡げ丘々に布陣した西軍主力軍に戦を挑み、朝霧晴れ両断に動揺する南宮山後背松尾山宿陣の小早川軍が正午頃に反旗して西軍防衛線が中央から瓦解し、豊臣家内紛誘う家康が桶狭間敗戦に学ぶ手際の良さで、誅す三成の思惑を覆し、朝鮮戦役に端発す因縁深き結末に、西軍諸将の殆どは、押し寄せる東軍への防波堤の伏見城も通り過ぎ四散した。

那古野《なごや》城を奪取し、時に今川、斎藤、朝倉家の六カ国を敵に尾張国領し戦う虎の志と経済力を受け継いだ信長は、木曽川と眼下の長良川を外内堀に長良川中流から大垣以南の輪中地帯へ河面が煌めく豊潤な沖積平野全貌を俯瞰し「美濃を制す者は天下を制す」要衝「楽市楽座」に繁盛し美濃国司る稲葉山城を攻略し「岐阜《ぎふ》」と改名した。清洲から上洛の玄関口「墨俣《すのまた》」上流に位置し照葉樹覆う兜頂は、居ながら政経軍統べ将来像を描き三千の援兵得た秀信が東軍先鋒軍四万余の渡河阻止へ防衛線を整え奮戦し、援軍を要請しながら三成が全貌を俯瞰・周知せず、退いて水城に陣取り軍需集結に勤む意図曖昧に自ら躓く。烏合の先鋒軍諸将が先陣争い口論激す夜中、夜襲を主張した島津隊を三川分流以前の合流点、墨俣河畔の「一夜城《いちやじよう》」に捨て置き算盤勘定先んじ指揮統括を後回しして激怒をかい、信頼の重しが外れ人心収攬に失敗した情報疎遠が禍す。長良川畔「河渡《ごうど》」を突破した先鋒軍は、急ぎ大垣城へ退く島津隊に目もくれず一路東山道を西進し、大垣城外郭の杭瀬川を越え「赤坂《あかさか》」に陣し最良の獲物東山道を掌中にした。家康着陣当日、西軍主力軍が出撃し当河畔で小競り合い東軍を足止めにして大垣から退き、片や遥か信州で真田隊が奮戦し東山道を西進する徳川本軍の進軍を遅らせ、未到着に活躍の場を得た武断派諸将は、以降外様大名として幕藩体制を支え、徳川方へ時司る女神が微笑むも禍根を残し、幕末の動乱期を迎えた。

言うは易く行い難い不協和音の火元は、遠く江戸に居ながら渡河を許し内紛が公に分裂した。往来盛んな東山道を望む菩提山城を敵方へ北扉が空く西軍は、開戦目前に大動脈に達す深傷を負い、東軍が止めを刺す合戦へ変じた。輪中低湿地へ溢れずに済んだ左翼軍が戦線を支え、右翼軍が北端の笹尾山を集中攻撃し左旋回の突破口開削中、民の安寧を旗印に委細構わず銃撃し離反促す家康に対岸の小早川軍が呼応し、対岸藤川台《ふじかわだい》に陣す大谷隊に連なり此方岸沿いに背水の陣布く主力軍が退路を断たれ大瓦解し、笹尾山前面の碑「決戦地」が壮絶な激戦を伝える。東西両軍共に三万余の軍勢が未到着の中、稲葉山城を十数名で乗っ取った半兵衛の、藤吉郎縁の菩提山城が空き、家康が篤い信頼に応え進出して離反を煽り、浅井家松尾城主が織田家へ寝返った再現に、政務の優越を思い知る。

「水都」大垣は、西濃と伊勢湾を結ぶ水運の湊として発展し、琵琶湖との分水嶺鈴鹿・伊吹山塊を貫く東山道を北方丘陵地に望む。以南下流域に自噴水湧く低湿地な輪中地帯が拡がり、騎馬隊始め大軍の行動も夏季籠城も不向きながら東は墨俣を経て清洲方面へ、西は不破郡を経て京へ街道が通じ軍需集結に適し、素人目に、関ヶ原合戦は「軍事」よりも右肩上がりから安定成長へ「政治経済の基本方針」を採決する会議に映る。仮に、覚書により家康の専横を弾劾する裁判に例えれば、真ん中に召還された被告一同が、周りを陪審員一同が取り囲み着席し、不在の裁判官正面席脇に於いて再起を期す発起人が審判進行し、調整力こそ真骨頂と陪審員間の情報共有や集約に励むも、豊臣家内紛収まらず被告人に同情的な外様将もおり、秀吉と知力拮抗し口喧嘩もして知恵を拠り合い屋台骨を築いた政所が倒壊「道理満ちず和萎え」を覚え、基盤自体が歪み議題の再検討を迫られながら岐阜城陥落の傍観が亀裂を深め、進退窮した「桶狭間」に学ぶ家康は、東山道を関ヶ原へ直行して前線に立ち十五万人余が参加する空前の裁判劇になった。片や東山道を望む菩提山城が空き杭瀬川で東軍に挑みながら掌中に摑めぬ三成は、前日大津城攻落した近江分遣軍が菩提山へ先行し不興な離反も沈静したろう時を稼がず国境迄退き、将に将足る大器逝いた精算事務を果たし終え行政官として逃亡し、越前で加賀勢の出足挫き退かせた麾下未着を嘆く僚友吉継は「時は的外れた矢を見捨て去る」と自刃した。木曽川河畔の竹鼻城や一夜城が証すとおり広大な岐阜城域は橋頭堡を築かれると外堀を失って脆く、渡河阻止に連携奮闘した秀信の熟知や包囲下の救援要請を三成が放置した為、家康が江戸在城、徳川本軍が東山道の木曽川渡河点「太田の渡」東方の山中ながら、旧知の同僚達が煽る東風に戦火は河畔から国境迄燃え広がった。仮に詩情富む「越後の毘沙門天」が先頭に立てば、女神を魅了し事態収束したろう弾劾から政経の将来像交渉へ、八歳の秀頼には議題の行方定む力量なく、言質と裏腹に蛙が頭無き蛇に怯え敵前惑うて忠義を燻り岸から逃げ去った。

秀吉の没後、朝鮮戦役現地督戦の奉行連と指揮官達の反目が表面化し、秀吉子飼いの家臣団の内、前者を文治派、後者を武断派と呼ぶ。かつ、無類な知恵に遜色なく応じ姑とも仲睦まじかった正室「おね」と、信長の姪・側室「淀殿」も相容れず、実力者の家康が正室・武断派を擁護介入し、正室の関心を得て豊臣恩顧武将団分裂の趨勢を決し、東征を名目に大坂城を離れた。此に文治派三成が応じて国を二分し、淀川の要衝伏見城落とした西軍は、三成率いる主力軍が美濃へ東進し水陸運盛んな大垣へ入城し分散した軍勢集結に務め、先陣は墨俣入城し尾張侵攻の態勢を構え、又は味方に付く秀信を援軍した。毛利長曽我部軍は、東海道へ廻り津城他を攻略して伊勢街道を北上し南宮山に陣した。又一軍が田辺攻城へ、大谷軍が北国平定し関ヶ原へ、謀反発覚後は三成要請下の立花隊共々後背の大津攻城へ分遣した。一方、福島率う左翼軍と池田輝正率う右翼軍の両軍編制し二手に分かれ木曽川渡河した武断派諸将は、福島隊を先頭に風穴を通じて戦線を支え右翼軍の攻撃援護し、夜陰を退き北国街道塞いで左翼端に陣す石田隊が右翼軍に集中攻撃され隣の島津隊に参戦求む苦戦に陥り、前哨戦の秀信同様な激戦を再現した。朝鮮戦役の人心反目を利用し強者《もさ》連を統括し指揮下す家康と「過ぎたる」と武田軍が讃え先鋒軍軍監務む本田忠勝両名は、十代の先鋒将と初陣の家臣として参戦した「桶狭間」を教訓に「関ヶ原」へ風穴を開け、敵味方合わせ兵数の八割近くを秀吉股肱の将達が占める中、実直に布石を重ね機敏に動いて半日余で勝利し、片や託された遺児迄不慮の戦場へ出そう腰高で奔馬御せず離反助長す三成を豊臣政権の精算人とし踊らせ、安定成長へ強かに女神の心を射抜いた。三成が商う後事託せず砲撃で応える中、島津隊は、軸足の福島隊方面へ鏃突貫し「手出し無用」と東軍先鋒の左翼軍諸将が応じ、養老鈴鹿両山系間へ退くも井伊騎馬隊に追撃され、副将以下数人毎が伏兵となり身に換え信義篤き老将を逃《のが》した。実際、行長や三成が反対顧みず平壌在城し和平交渉中明軍に追撃され、北京へ進撃路探す加藤清正等に和議不調や死傷者増大の責を転嫁讒言し召還させたように督戦が希望的で、片や不破関跡を押さえ敵味方将兵の心中に「必勝」を演出し映像化した家康が弾劾を覆して総決算会議へ戦を変じ、諸将が首班交代と統治機構及び人事刷新、積極から安定成長へ一蓮托生な内戦を天網な縁に収む天下の政策を支持した。

小よく大を制す「桶狭間」の虚像が「関ヶ原」へ実像結ぶので一括し考証したい。湾西方に木曽三川河口を望む庄内川河口東海道航路始の熱田湊は、津島を拠点に交易す虎が垂涎し湊押さえる今川氏支城那古野城を奪い、上洛路断たれた義元は、西方蟹江《かにえ》城も掌に兵力十倍して那古野城回復の機熟し、「戦わざるが上策」と示威し「守る織田方が陽動」を夢想もしなかったろう桶狭間合戦の全貌を馬廻りが記録し、「信長は、敵は深田に囲まれ、先鋒隊も疲れ身動きし難いので、義元の首一つを取るよう命じ今川本陣を攻撃した。」と伝える。沓掛城を出立した今川本隊は、織田方善照寺《ぜんしょうじ》・丹下《たんげ》・中島《なかじま》三砦包囲下の鳴海城《なるみ》を救援出来たろう山沿いの鎌倉街道を進まず、夏の深田が続き大軍の行動困難な大高城《おおだか》方面へ丘間を縫い迂回した。早朝、元康が伊勢湾に臨む大高入城し兵糧の搬入に成功し、共同し両付砦も落とした。昼食頃、義元が深田に浮かぶ丘々の「大高鳴海両城への分岐上に仮陣」と知った信長は、「迂直《うちょく》の計」の迂回方、熱田湊へ分遣した小隊が今川先鋒隊を攻める間、敵から丸見えな低地の中島砦から訝る将兵を率い進発して敵本陣へ直行し一撃で波紋を拡げ崩し、急ぎ大将の救出へ向かった先行部隊の将兵も馬廻りも大将自身も深田に足を取られ討ち死した。以前、信長に新砦を潰された義元は、前衛を散開し丘間の隘路を二万余りの本隊が二千足らずの先鋒隊を追走した上、隊列の部隊が丘毎に登り食す示威に勝機を得た信長は、鎌倉街道を扼す善照寺砦から視認し「迂直の計」を採用して敵本陣を突き、「関ヶ原」でも島津隊千人程の鏃突貫に三万の徳川旗本軍が動揺したと伝わる。片や「戦わざるが上策」目論む義元は、「先鋒隊が反撃を撃退」の報に「主戦場は熱田湊」と欺かれ後続の本隊で押し潰す好機に喜び、糸手繰《いとたぐ》ろう小手を突かれた。信長は、今川分家が領した那古野城下熱田湊の熟知を逆手に取り「迂直の計」を仕掛け、「空白の一瞬」の采配を国境の隘路へ見事に盗み取った。「もしも」は熟知の証と孫の秀信も東軍渡河阻止へ竹鼻城と連携して奮戦し、片や「桶狭間」に学ぶ家康と忠勝が主戦場「関ヶ原」へ直行し、三成は南の牧田川へ迂回し後手を踏む。陸軍研究会も今川本隊が鎌倉街道を外れ迂回追走し予備兵少ない信長に機動の猶予与えた故が判らず、信長が鳴海から鎌倉街道を東進し途中から桶狭間の敵本陣へ向かう論でまとめたろう臨戦下、義元が深田に浮かぶ丘々へ全貌現し食す泰然で示威し「いざ鎌倉」の常道外れ泥濘に大将首を獲《と》られた、名高い短気も陽動策にも言及せず「詭は奇襲」と解いた先、東海道の水運司る政経基盤の熱田湊が双方の焦眉であり、信長は、今川方が鷲津丸根《わしづまるね》両砦攻撃の報に接し清洲城から飛び出して熱田神宮へ将兵を集め敵本陣を知り、鳴海城を囲む付け砦群へ進出し因縁を餌に義元の思惑通り主戦場を熱田湊と欺き、迂回と見せ直に進軍する陽動作戦を仕掛け、文殊の知恵も及ばぬ悲喜交々を大将首一つに包み鳴海城主共に今川家へ返した。

仕掛けた義元が深田へ迂回し敗れたことから、織田今川両人質を体験し妻子も非業に処し万民《ばんみん》の泰平を志し言葉少なに意見を聞き分け断を下す家康は、迂回し退く主力軍の蛇尾追わず、昔日の不破関跡へ焦点を定め菩提山城下を直行し、行方定まらぬ豊臣家臣団を半ば吸収し「詭は空」孕む業を解き衆望に応えた。片や尊氏再上洛へ激戦を四兄弟で唯一生き残った末裔の義元は、上洛へ将兵の消耗抑え、鎌倉街道を外れ前年織田方から奪取し知多半島に通じる湾岸前線基地大高城へ行軍中、練鉄の高純度好む信長は変幻自在な頭を狙った。結局、明を調し欺かれ対象が宗主国から民衆へ替わり、遺児迄戦場に出そう不慮咎め母親に拒絶され朝霧に志潰えた両名と、西軍総大将身代わりの僧を斬首し大段落した。戦前、旧軍が皇道を粛正統制し振れ戻る自律失調して北の欺瞞工作に嵌り南進するも前線には危機意識が根付いていた。終戦直前ソ連軍が進攻し、関東軍は、国境に支隊を残置全滅して各本部隊を後退し、沢山な戦車と重砲を合流し迎撃へ進発した直後降雨で泥濘と化し、車輪を取られる間に終戦武装解除し邦人保護に効なく、制空権壊失下一身に責担い、又極寒の地で斃れた将兵共避難民の辛苦を噛み締め、過たぬよう勝負と一線を画し学力向上へ尻叩く撫子は、虚構膨らみ非情癒えぬ遺骨を届ける隣組魂を縁に真実を抽出し、英雄像「プロ集団の地位向上」へ子を戦場に逝く方便を戒め、厳正な国際像創りに参画する。

⑱〔思案へ〕魂の祠へ詣で、心自由に両手を打ち鳴らして創意工夫の妙へ蘇ろう！

果報な輪結ぶ向上心が情報網巡らせ対外折衝し、経緯を順に踏み立志像を組み上げる。

去声「お休み」が薄暗き玄関ホールに共鳴し腰引く心は、脱化石燃料託しオゾン層開口繕う分裂の、累乗招く中性子が排他へ壊疽し自由像萎う戦禍越え、水鳥が編隊組む伊吹山初登山時、五合目で休み腰上げた途端水筒の紐が切れ道外へ転がり、拾い上げた目前に慰霊碑が立ち、生徒達が遭難した報道を思い出した。木々希で月下に白き山体が荒吹き琵琶湖から巻き上がる吹雪に方向感覚を失う山中も危ういが、思慮高める試練「６６６」を動機へ遡って縁に受け止め核の傘畳む人工雪も突破困難な方向音痴には有り難い戒めだった。

「うむ、和綻ぶ閉塞感が戦の因か？」「まぁ、秀吉の慧眼が衆目篤き京の下流に城を築き天下統一した和に収め、遺児を見守りたかった。」「うむ、器量膨らませ才色映う主神首に巻く蛇尾外せば、占領軍の押し売りな不和は？」「まぁ、火急不向きな図太い梁が奔馬な独創力を束ね、鉄血荒《すさ》ぶ不協和音を治む。」「うむ、『武器よさらば』と荒ぶる弟神を追放し隠れた主神戴き、忍耐労り行幸す和の正業を蔑ろに、左右の尻馬に跨り尻割ったが？」「まぁ、修羅に胡座かき居座る側とスパイと判ず側双方が煽る火中に飛び込み、良心を結ぶ拘留者を当の政が彼の交戦国へ仲介依頼し、情報入らぬと云う相合傘に呆れ、通帳拾う児に慌てる親もペンに持ち替え、筋骨逞しい良心の自由を中庸な互助魂へ高めよう。」

季節を跨ぐ女神の寛容と瞬時に像結ぶ金太郎の連携プレーを笑い器も才能も及ばぬ孫の教育方針を訝り、婆が「此の子は、志を正しく伝えようか？」と心配気に問い、爺は「何故か？ 問うて学ぶ想いの丈を一緒に考えれば悪戯っ子も喜ぶ。」と永年連れ添う阿吽の呼吸で応え、婆は「私が鈍か、孫の気持ちが透けて見えるようね。」と笑い「色んな菓子で腹満たせば十分かしら？」と不満気だ。足下へ黒猫が擦り寄り、爺は「無口ながら婆に似て目が澄み、心配無用だ。」と瞳交わし「勝ち気で気丈な婆は、親切に躾けられて周りへ心配り損得で裏切りはしないが、脇が締まって計算強く愛情深い故か情薄き理不尽を拒み、理に適わず納得いかないと噛み付いて往生する」と内心思う。婆は「無口？ では、孫は貴方似の紳士かしら。」と笑い「直ぐ二人三脚の私達を追越すかな。」と応じる。爺は、幼心が聞き分けて心の鳥を解き放つよう霞む夕空を見上げ、婆は「魂の玉手箱に心が元気に映えて嬉しいわ。帰りましょうか。」と促す。孫も空腹か、と呟く爺の、直《じか》に良心を噛み締め的射る会話が心地良く、志膨らませ波頭切る腰の低い安定感が爽快この上ない。父親が息子の又従兄弟に当たる娘に声を掛け嫁に迎えたが、手間暇掛け慈しむ嫁の節介を、玩具でない、と厭う孫は、帰宅の声に「猫に悪戯するな」を覚えながら、飼い主の不満を察したか、飼い犬二代に噛み付かれて頷かす「又一緒に遊ぼう」と先駆ける。昔、母親から頼まれ姉の下へ西瓜を届けて眼窩奥から鋭く睨む達磨画に似た童女の、満面の笑みに惑う爺は、過ぎる探照灯に先んじ畑へ奔った抑留地を思い出し、思慮堆き自由を扁平に痩せ細って心々が相滑り体成さぬ塵から砂鉄を篩い集め、孫が慈愛像へ鍛え上げるよう望む。

北越南《べとなむ》魚雷艇襲撃時「超大国は勝つ」噂に「何故だろう？」と笑った中学生達は、ダイオキシン撒き散らすドミノ理論の焼き直し版、集団で懲らしむ気炎上げ連帯証す「栄光」を省み、明るい魂々に苦心の末を映え瞳見合わせ問答し過たず水湛う絶景を紹介したい。車窓間近に「花の伊吹山」が雨に煙り八合目で晴れると南遥か霊仙山迄琵琶湖が千《メートル》を駆け上り一面に拡がる。雲海と解っても心が承知せず光明仰ぐ千載一遇の幸運を御覧あれ。

⑲〔注釈〕和「魂の必要十分」を感受し、
心々は、虚実二重に慈愛を立体映像化する。

モノと扱う物足りなさ補う魂の光明が縁な良心を鏡に、脳梁通じ両親毎に似た左右脳の視点のズレを愛のレンズ通《とお》し像結ぶよう、観念の膨張に圧力加え創意を抽象しまとめた。

新陳代謝促《しんちんたいしゃ》す虚実「捨てる神あれば拾う神あり」を「魔」が自由に洗い出し「有無」が何故に受け留めて業を共有し、十分から必要へ光変換し機能全体を動画に映像化した。

或る本に孫子実施の「迂直の計」が唐突に現れ「空白の一瞬」踏襲す「桶狭間」に想え、戦わざるが上策の恫喝が疎漏故に由緒正しい「迂直」を出所怪しい「奇」へ的外れ、合理主義の信長に、劈頭「真珠湾」の先制打が欧米に効かず「インパール」へ禍根残す鎌倉街道の蛇尾踏む奇襲説を退けた。乃木を愚将扱い全体像が解けず、忠義唱い不慮の戦場へ遺児を掲げよう矛盾解消は、真田隊が稼いだ猶予期間と、幾梯団で寄せる明軍を漢陽手前で迎撃し山間の泥濘に明大将が重傷負った「碧蹄館」で先陣し、楔を打ち込み大活躍した立花宗茂や右翼から旋回した毛利秀包両将が在す近江分遣軍、日露戦の第三軍然とまとめた。猶予無く犠牲にして吉継が自刃し「杭瀬川」指揮した島左近も突撃して慰霊に詫び三成を庇った。街道交差扼す東軍も藤古川畔の不破関跡を押さえ、毛利軍後ろに左廻りで続く西軍を三軍団毎に分割し先に左旋回を試み、天王山な地の利無く三成が島津隊に参戦求めた大勢は、商家に篤い七公三民の家宰三成より農家の手取り倍増の四公六民の家康を支持した。

「碧蹄館」観戦の三成が河畔で後背断ち挟撃目せば商業主義の勢い現したろう秀信救援の夜襲案共捨て置かれた一夜城退去や、梨の溜池背に布陣強う不信感への怒りを抑え肝太き老将は、波越う大器が「おね」子飼いの正則を先頭に不破関跡押さえ頭朧気な西軍が敵わず瓦解した刹那、軸足福島隊方面へ鏃突貫「島津の敵中突破」した。「小牧山」同様左旋回阻む家康を左足半開き深田へ溢れすす仕舞いに大動脈に達す深傷を負い、順な心臓が暴れ出した不和を忠義と称え武威に縋る政府を見切り、先輩が友助けに赴くも疲弊す軍事体質を暴いて逝き、国民は、動機を因へ遡り隣組魂の任担う類無き志に重き「和」を再認識した。

「うむ、業な菌の更新間に笊《ざる》へ因果を覆し駄々《だだ》漏《も》れにして孝《こう》無く、竹中や明智の二度共誠意を利で釣ろうとして怒りをかい致命傷を負った如く、水鳥集う墨俣河畔から眺望し、水郷広く見晴らし堆き孤高の岐阜城に比べ、水門を整え堀を伊勢湾へ通じ輸送拠点に適う大垣から退き、秀信や墨俣の島津隊等外様を次々に放置し攻囲担う毛利軍迄突出した因は？」「まぁ、北国街道に沿い両軍対峙した異様を『三成が背水の陣を志向』と解した。朝鮮で加藤や小西隊を救出した宗茂の到着か、徳川本軍の『太田の渡』渡河を見極め退城したかった。

尚、眺望が利き城塞群の中枢な岐阜城は、政経重んじる近世城郭を先駆し、東山道扼す城下に楽市楽座の自由な商道徳を培い普及した。」「うむ、山間から平野へ進出し難攻不落と云う相反が矛盾露呈し、『和』へ思慮高め敗戦から教訓を学び創意工夫か？」「まぁ、木曽川水系の大中小河川や東山道、岐阜城下～赤坂宿～垂井宿経る後の中山道《なかせんどう》や、相川橋《あいかわばし》北詰から分岐し大垣宿墨俣宿経て東海道宮宿に至る脇海道美濃路を虚実に活かす合戦が泰平の世を掲げ、片や、前線の熟練搭乗員を退き教官に任じた米軍が技量水準向上し煉獄へ不撓不屈の武士道『継続は力』を消耗し、国民は、博愛に意見統べ自由像結ぶ。」「うむ、嫁姑が姻戚の大変は？」「まぁ、父娘並ぶと両頷のボインが際立ち笑える娘が故を問い、手を焼く親の心配を他所に遠縁の母親が真摯覚《しんしおぼ》え好奇に声を掛け収むも、無口な実母より笑う義母に似て父子共に戸惑う。花火大会閉じ一言『家迄歩くわよ』と祖母が孫達へ云い、湿り夕立を疑う途端に大降り瞬くと姿消していた父が自転車に傘を載せ現れた。又、煙くて母が『外に出よ』と、『鍋の油から煙立ったが治まるわ』と云う。慌てて息を止め奔り焜炉の火消す学童は、姑嫁の思い付きに身の危険覚え、器重複癒着し時に同言発す母方回路の同調が像を紡ぎ出す父の根気強い意見に共感し喜ぶ。」「うむ、不足覚え子を慈しむ所以か？」「まぁ、重き大海へ空《くう》垂らし漂う志々を定着し明灯《あかりとも》す子女が『非核三原則』掲げ沖縄復帰した首相の評価を高めながら骨肉争う悲哀が黒雨漏る傘差し、占領の口実「北島も橋頭堡か」を与え後退り、和の天秤棒担う孝子は、地獄の沙汰を論破し弱き助く博愛へ額に刻む負債を清算し自由な大綱を摑み直す。」「うむ、別《わか》ち難《がた》い真理を希求か？」「まぁ、魂に正対して試行錯誤し覚る生命本来の性《さが》か、過半は、何故解けないか問い関心を寄せる。」

日米通商が肺炎発症し「大丈夫か」と禁輸の暗雲覆う海軍の体力を問われ、職務上「一年間は」と答えた連合艦隊長官は、開戦回避の意に反し首相人事への介入も効無く、米英連動の強硬姿勢を鮮明にしたハルノートを事実上の最後通牒と解す国策下、空母部隊を出撃した後も、外交に進展無く真珠湾を空襲した。首都東京を望む米太平洋艦隊の根拠地ハワイ方面、前線基地ミッドウエイ島以北は諸島無く日米双方の盲点で空母の高度な情報と即応能力、的確な打撃力が欠かせず、米生産力大を熟知す長官は短期終結へ航空決戦を挑むも、肝心の米空母が真珠湾に居ず戦術的勝利が大波紋を拡げて戦略を足枷し、南方支援と首都防衛の二正面戦解消へ出撃した同島占拠作戦が暗号解読され、米空母が散開し待ち伏せて日空母四隻を沈め、練達の搭乗員逝く深傷は癒えず決戦を遠のく。保有比三分の一で軍縮合意し米英協同し首都攻撃可能故に守勢の日本海軍は、未知な海域へ打って出る作戦に反対が根強い中、演習を視察した長官が艦載機による真珠湾作戦を発案して研究を命じ、英首相が働き掛け日米間に誤解累積し石油禁輸へ至り実施した。日本海海戦劈頭、通報艦の位置情報が不確かで露艦隊と正面衝突しそうになり回頭し並列戦に持ち込む間、旗艦「三笠」も四十数発を被弾し司令塔内の幕僚も負傷する中、高角度で落下し水平甲板射抜く大艦巨砲主義以前の直撃弾が主流で、露天に陣取る東郷長官の無事を祝してレーダー開発に消極な姿勢が禍し、劈頭定点攻撃に成功するも曇天下の米艦隊頭上を通り過ぎ、戸籍下に軍が国民統制し上昇気運に乗る米空母撃破の即決高き作戦が力任せな諸島飛行場争奪戦へ拡散し、天王山な「餓島《がとう》」敗退後守勢に転じた。制空弱体を覚った米陸軍元帥がレイテ島へ帰還上陸果たし態勢崩す大本営は、誤認報を鵜呑み姉妹艦の十八インチ巨砲放ち上陸軍を吹き飛ばす陸海協働作戦を発令し、搭乗員損耗し補充し難い空母部隊が航空支援へ出撃し、ルソン島防衛態勢を整えた比方面軍も大兵力を抽出し決戦に及ぶ。此の沖縄特攻へ続く大艦巨砲主義が制空貧す実働部隊に不評な上、初動で旗艦が雷撃沈し司令部と通信班とが別艦毎に移乗し重大情報が適宜伝わらぬ戦況不明下、翌日米艦載機の波状攻撃で妹の「武蔵」を失い志頓挫し、真珠湾から復帰した戦艦や小空母群を伴う米上陸軍が増派軍を砲爆撃、退き口塞ぐ南方艦隊を雷砲撃沈後、海峡を塞ぐ米空母部隊を北へ吊り上げた日空母部隊の重大情報発信「敵艦載機が攻撃中」が湾突入期す北方艦隊の提督へ伝わらず、眼前の一空母群を砲撃するも米艦載機の来襲止まず米太平洋艦隊の健在を覚え、包囲脱し支援艦隊と合流へ反転北上したろう海峡に艦影無く作戦は水泡に帰した。大本営が逝く将兵に「不思議」と敗責を包括転嫁し、重砲兵隊が剝き出したまま米軍の「ルソン島」上陸を迎えた比方面軍も朱に沈む。教育中の戦果に喜憂す希望的観測と石油を餌に仕掛けた戦略が激突した戦は、上陸軍が、片や、桶狭間嚙み締む家康が交差点奪い右半身不随した上で心理圧迫し勝利した。

「うむ、弾道計算得意な自負『狩人の目』は、伯父の煮付く小魚の至福に喜び、陽満ちる飛翔目すか?」「まぁ、橋詰めで石跳ね姑嫁待つ児の単純定型から自由不惑な高見へ、洪水分かつ背割堤の一面堤外な零に迷い業を徹底追求して見開き、博愛に賑わう自由像へ起承転結して抽象集約し臨機応変に具象する。長良川破堤直前、余《あまり》の高水位に天端の県道から冠水した国道へ降りた。雷雨で見送る駅が浸水し、従姉妹が母親を連れ帰り自家用車に乗り換えた。経由地の多治見周辺で崖崩れや路床流出が相次ぐ大災害となり、鉄道や高速道、国道や県道が軒並み通行止めになり騒然とする中、南の河を避け唯一残った北の県道から入り通過した。簡単に！　と憂う父が文書主義を説く読めない屁理屈ゴッタ煮の子は、慈愛を主語に疑義問い解く内、忠義一重の産着も擦れて何処かへ紛失し、自己修復な虚実二重『詭は空』に包み直した。」「うむ、大観感受し洞察優れる慈愛は万能か？」「まぁ、平家物語は、猛者が落人を呼び返し捉え首獲ろうと兜を取ると息子の年頃で、逃すも拒む若武者の首刎ね僧になって弔い、親子の情が心の救いを渇望したと伝え、本書は天国が地獄へ連鎖分裂しないよう廃絶へ『生長』を汎用した上、他人《ひと》を思い遣れ、と諭す主神首に一神『勝利』の蛇尾巻き右傾斜し堂々巡る学力低下を東洋の悪『不十分』不覚な軍国主義と揶揄し、数の論理覆す核に胡座かくジレンマを廃絶へ解く慈愛を頭に据えた。」「うむ、身分化の極『武士道は死』が憎悪と不信に終始し、不覚な観念を穿つよう、衆生は、責任転嫁し不和を助長、が本意か、問い掛けに無言の死を憂い、魂々の干渉に和むか？」「まぁ、自他を識る慈愛が、玉砕唱う軍国主義迄生へ先達したように、古き制服を脱ぎ魂心の一球を投ず児達は、偽り無き双眸を見開いて事実の重大を覚り、足腰丈夫な国際平和像『将に将足る隣人愛』を高く掲げよう。」「うむ、魂薄き重箱の隅を突《つつ》く特化と真逆な虚実の始『零』を覚え、多感な心々に知識を茂り自由な隣人愛を実るか？」「まぁ、忠義と不和の二兎追う軍政は、業な根迄枯らし無垢な慈愛に敵わなかった。又、例外を再燃し黄泉へ日本国憲法を散逸せぬよう、欲望に勝って思索結う礼節を遵守し心身共に強靭な立志像は、出血に青褪め涙や因縁迄死へ解体焼失する憎悪の酔狂もあり、魂々が正業『健全な暮らし結う生長点』に感応し姑息な不興に臆《おく》せぬので、雌雄の両性格が三位一体に培う子々孫々迄丈夫に育つよう、論理的思考『学び考え知る喜び』を連ね博愛を萌芽しよう。」「うむ、博愛の礎は、思い遣る社会貢献、創意工夫し垢抜けした演出か？」「まぁ、大事を諮るに足りて一体に運命を紡ぐ感動は、生涯試練に向き合う自由な共同体へ、勇気づけ瞬く魂々の縁を良心に映え参画しよう。」「うむ、事実関係を明らかにし最善を尽くすよう、心々が自由に語り集うか?」「まぁ、汝の敵を愛し自他を知る良心連が飾らぬ影法師、自分自身と対峙し必要十分に裁くよう、心無き戦《いくさ》『闇から闇へ』に努々油断なく！」

魂々の干渉について此岸の正夢を二例記したい。学生の頃、蹴球部忘年会の会場が分からず、夢で見た松山最寄りの店へ行くと皆が居た。可茂に居た時「上手に橋が架かる河岸で若い男と知り合い墓に囲まれた彼の家へ行った。入ると共に深い穴に落ち、一人抜けると水郷が広がっていた。」夢の後、浄水場へ転勤になって掘進工事を担当し、始発は場内の縦坑な通勤途中、毎朝犬を連れランニング中の高校生が挨拶し通り過ぎた。或る朝堤外地遠くへ車が落ちており、高校生が衝突し死亡したと聞いた後、岐阜から大垣へ転勤した。元々縁遠い子に鉄道の地上駅から地下駅迄案内されて目覚め、父母の後に、三日間バシー海峡で漂い百歳近い伯父が、泥濘に生を得た誕生日に逝いた今は、無から箱船の四辺を守り縁結束す守護神も交代し、滔々と魂々が煌めき集う河の末も定まろうか、と想う。

気力体力共知力迄老いて我《われ》多き固執が道譲ろう孝子は、「貧恐れ貴方を利用と宣言し結婚」と語る放送は慈しむ潤いを知らぬ、と生長の節目「良心と愛」が大局観「洞察実証して熟慮し夢々を過ぐる現の自我像」の行方を問うので、心臓覆う朱痣を茹だって不釣り合いな思惑を吹き零し、真実の声々を聞き多岐へ道理醸す慈愛を頭に据え、魂々が干渉する意義を「踏まれては起き繁茂する自由の頭《かしら》は、博《ひろ》き慈愛」に定め「命」にまとめた。

繊細な感受が表裏一体の光明を見出して肝胆相照らす才は、無上に優しい。想うに、疑義覚え将来像を見透す光彩が遥かに我が身を包む全体の幸福に迄目が届く故だろう。微々たる力もまとまれば岩をも動かす「あるがまま」を「自由」と解し、大自然に意識を覚醒し息吹く立志像は、博愛へ議論を高め試練に向き合う良心の十分「心技体を向上し自由に助け合う互助魂連」を不朽《ふきゅう》な平和像「一過を惜しむ永き和」に包み愛で慈しむよう、深傷《ふかで》癒やす汚《けが》れ無き自由を糧に協働し像結ぶ生長の、質の向上を展望し隣人愛の高嶺へ上ろう。

七、愛《め》で慈《いつく》しみ、愛《あい》す

⑳〔終わりに〕真実を咀嚼して生長し競い合う心々に失礼無きよう、力を合わせ頑張ろう！

日々歯車が整合して噛み合い時を刻む如き「大事は対話」と銃口に立ち塞がり爺を、片や四発被弾した夫を庇い終戦へ導く内助の功に塩塗り糞切れぬ兎が嘗胆立志し、真水を加圧し蒲な慈愛灯す法螺話を読破され有り難うございます。もし抽象具象の昇降手順を覆し此彼両岸へ像結ぶ慈愛の頭を潰せば、窮鼠共食う惨禍も正当化出来るので、蛇尾巻く憎悪の袋小路に臨む険しい霧上の尾根道を博愛へ、共に助く公正「魂の無垢、心の生長」を受像機に思慮培う母なる大器「和」と父なる希求「零」とが紡ぐ「終焉と再生」へ、宇宙を巡り旅し、勿体ない不要不十分を戒めて聡い才に溺れぬ二重《ふたえ》な性格の立志像に御理解を！

良心を鏡に愛のレンズ通し運命の大所定む銀河鉄道、愛の箱船・自由号の共同参画へ、一年余で骨格組み肉付けた文書を再読一巡毎に加筆圧縮を繰り返し、誰もが想う処を網羅して漸次減じ全頁数を当初比二割へ、本体一〜十六項目を十二％へ十年余で圧縮した。さて、貴方の深層心理に潜む天使と悪魔は、どんな役割を演じて記憶を再編し因縁を正そうか。

「うむ、大切は？ 彼是《あれこれ》問う課題満載の内気な子も十歳を迎え多感に生長か？」「まぁ、軍拡が止まず、子は、親の教本から詩に親しむ開明な中庸へ憎悪苦が覆う社会の闇を照らすよう警鐘を鳴らす。」「うむ、慈愛の大事を諮る良心の十分から、隣人に想い及ぶ愛高き必要へ、虚実の指輪が光冠し責任能力を向上か？」「まぁ、核兵器所管す戦略軍が環境荒廃し製造過程諸共に焼き払う重篤な腐臭解消へ、愛の旅人は、慈愛染む兜の緒締め相殺を商う膨張に圧力加え、共生へ政の体制整う。」「うむ、汝の敵を愛す慈愛像を守護神に、慈悲溢れる天空に臨み軍服々を乱れようか?」「まぁ、向上心が大志を和の共通項へ抽象集約し実践しよう。」「うむ、芋食い屁な空《むな》しき身の因果も小説より奇なり覚え、衆生は、建前と本音を慈悲戴く無我に統べ共生か?」「まぁ、焼け爛れ崩れて尚真実を物語り博愛満ちる観音様の掌中から逃れ難く、人生は自ら打開、と良心を化身に節介廃す各位は、命貪る修羅を越え魂々の集う大河を遡るよう、思考々を高め因縁の麓広き愛の未踏峰へ!」「うむ、発言尊ぶ無常の慈悲へ暴力廃す憐れみも、論理的帰結な不潔や飢餓に難《なん》有りか?」「まぁ、和戦相反の心無き濁流の末、モノが無いながら等しく和む戦後『自由像への憧憬と愛着、不戦の決意表明』を顧み、大自然を舞台『光の宇宙へ両極一対の糸々が虚実一双に連なり生長』に礼節や隣人愛と共に志高める向上心々は、集い話題に弾み思い遣る『互助魂』を慈愛の主体に、見識や責任を改善し自由に交流を!」「うむ、話題や感動!を演じ博愛へ集大成し組み合わせが他に無い我等も、大河遥かな源頭へ自他を知り労を想い遣る業な体力を向上し、光《ひかり》な自浄力『愛の覚悟』を社会再生の鼎に立志し、恒久平和へ協働しようか。」

夕暮れ、虎渓山の頂公園を下り鼻面平な小型犬と散歩中の婦人を追い越す間際、振り向く犬が四足を踏ん張って呻り「飼い主に近寄るなってか?!」と幼い頃、祖父の飼い犬二代に黙す記憶が蘇った。「百万弗の夜景」を彷彿し眼下へ伸びる街路列が下げ錘に重なる常に閃く「心のままに従う」の晩生本ながら「簡単に」と大所へ導く父に及ばぬも周囲に比べ一桁多い事業像を想う狩人の目は、水明無垢な母方の大風呂敷の御陰か、と実践編は、丈夫な歯で早食い、又じっくり煮て味わう諸将を光陰に貫き、無辺な大海が渦巻き光紐へ減量・収束し、慈愛を頭に自律して再び現れる「必要十分」を映像化した。重き尻で腐臭堪う人も追跡し遠吠えして仲間を呼ぶ猟犬も、世に幸・不幸の種が一面に転がって暇無く社会に目覚め像結ぶ心健やかな生長を願い、正直な感性「奢らず」を無上な業「挫けず」に先行し大局へ開眼期す不器用が絡む靴紐を根性一筋に束ねて隣組魂に瞬く各位の影を装い、自由な羽音「良心と愛」に共鳴する鼎の一足になれば幸と、遠くて近い業な両天邪鬼を覚醒したので、腎な性根巡らせ空高く々舞い競う各位が自由に呼吸して心肺機能を発達し、笑顔溢れる健勝「命《いのち》は真摯《しんし》」を心から祈念し読破への感謝に換えさせて頂きたい。

あとがき「誕生とその後」

社会再生「博愛を高く掲げ、平和な国際像へ良心を網羅し縁結ぶ隣人愛」を実証

本書は、複雑に争う世相を万民が抱く博愛へ導く自由な憲法精神の深層心理に迫り、何より、読者各位が平和について意見を得られるよう、虚実な対話形式で結論をまとめた。

「急がば廻れ」は、声を掛け合い、又は範を示し無謀な行為を戒める。この顕著な例をインフラ崩壊後の給水風景に、日常茶飯事な向上心の有り様に観る。「平和憲法」も騒ぐ以前の日常生活に深く根差す故に、本書は、普段の学習が大事、を実感するよう試みた。

序文の「感謝と大局観」は、亡き父が普段語った言葉を引用し、まとめ部分も、父の意識が永眠へ薄れ逝く中で筆者が声を掛けた「お父さんの御陰で、皆が幸せに」を引用しており、騒ぎを煽る机上の儀礼的唯物を憂い、読者の深層心理迄踏み込むよう、十年余の歳月を費やした。実際、伯父・父共に比島や満州の戦場に赴いており、戦を踏まえた言葉は重い上、伯父はバシー海峡で漂った際に将校を助け、父は抑留地で亡くなった友の遺骨箱を身に縛り付けて復員する上官に預け、遍き隣組魂が「和」を培い覚醒した。同様な話が大岡昇平の体験談にもあり、特異な例でなく戦場で誰もが抱く深層心理であろう故、本書に記載した。平和とは何か、意見も多々ある中、危機管理の観点から自由像が歩む最終目的地を「恒久平和」に定め、大綱たる平和憲法を遵守し日常生活を映像結ぶよう、以上のとおり四百字詰原稿用紙・百頁余に収め、万民が関心を抱く平和の想いを今に訴える。

目次以下の構成について

自由像の構成を三本柱に、「良心」を骨盤、「正義」を背骨、「合理性」を胸骨に位置付け、日常生活を支える「行動」を頭の「愛」に統べ、より深く理解されるよう既存の三大宗教や儒教との関連付けを試み、理想と現状を比較し「憲法の平和条項」の進捗を問う。

本書は、危機が関心高める「戦争と平和」双方を交え対比し、大戦の心無き督戦荒廃から復興した汚れ無き慈愛「愛高き平和」をテーマに記した。尚、責任担う自由社会に程遠い未成熟な地域性が極の礫を投げぬよう「抑え」が始末然と後れる程に困難を増す上、友情を生死に別つ戦争は各々の具象に重く文書全体の過半を占めるので、戦争優位に勘違いされないよう、深層心理に潜む天使と悪魔の対話形式で「平和」を問答し何故を紐解く。

以上のとおり本書は、恒久平和の大綱な憲法を十七条憲法迄遡り「平和を進捗か」問う関心の下、心が魂々の干渉を感受し、現代社会の深層心理の闇を照らすよう訴える。

具体的に、現実と理想とを見据える国民各位の覚悟が意識「知識を集大成し一体に生長する博愛」を覚醒されるよう、以下のとおり文章力を骨格に内容を向上するよう努めた。

1. 語句の重複を廃し文書を簡素化した上、綺麗な誘惑に抗って論旨の一貫性を優先。
2. 恒久平和を希求し実践する読者各位の覚悟が大切故に、不戦の像へ内容を整理整頓。
3. 博愛へ「生長」を汎用し、憎悪に比し自由な互助魂が育む隣人愛の優位を貫き実証。

以上三点に留意し、本書は、「終焉と誕生」を節目に、大自然に意識を覚醒する各位が慈愛を頭に生長し心通い合うよう、普段着の大局観「将に将足《た》る隣人愛」を高く掲げる。

追記：「隣人愛」をテーマにした妥当性と効果について

　本書執筆の目処も立ち、令和五年三月八日、半世紀足らず経て久しぶりに相川橋を、併せて垂井城跡を訪れた処、記憶に基づく「本書論旨」が礎から崩れ去る事実誤認「竹中氏陣屋跡＝垂井城址は間違い」に気付いた。正に、未知な試練の荒海を航海し、魂々の共同体「個人々が参画し全体を支え助け合う」へ生活全般を導く舵取りは、論理正しい大局観を船長に、骨格な虚実を問う許容「善行か悪行か」の何れか崖縁を踏み外し、相反の闇「局所を全体へ腫れ、個人に全責任を転嫁。」へ転落し呻く衝撃だった。急ぎ文脈の修正を試みたが、全体の論旨に適合な「語句」が思い浮かばず、益々誤解が多方面の難解へ膨らむ。

　再び「百聞は一見に如かず」を試み、三日後、関ヶ原古戦場の「決戦地」以南～「藤川台」間を、分かり易く整備された道標や案内版に従い踏査し、藤古川の位置と照合しながら「合戦の独自性や配慮を持ち上げ過ぎか、両軍共に

『過去の成功例＋α』では？」を覚え、毛利軍や垂井城後背に隠れ退く？合流無き故に＋α「背水」へ分かつ、チーム力競う戦場で自軍を機能不全しよう敵は我か「調整不十分が醸す不信」も垣間見た思いだった。

同様に「忠義の戦」を掲げ高揚する心々を抑えきれぬ未熟もあり、軍国主義に加担する通説を疑問視しながら様々な齟齬覚え、五十歩百歩な本書も一石になろうか？ 夜、現地を彼是《あれこれ》思い浮かべながら数多事実を「隣人は大事」に包括可と気付いた。尚、大垣から岐阜広域、濃尾平野や遥か北・中央アルプスの展望台な標高四百米《メートル》余の南宮山は、両一級河川を背に対岸松尾山を分かつ為、不破郡全域を望む菩提山を進退自由な軸足に推奨した。

以上、無礼な遣《や》り口の自己本位な他人事で済まない因縁深き社会を大観し荒波を越え、一筋の光明に安堵し微睡む心が思索綻ぶ試練に目覚め、普段は気にも留めない自由な心技体を向上し、互助魂々へ心通わせ縁結ぶ永きテーマ「隣人愛」を改めて覚る瞬間だった。

心無い欲が支離滅裂へ見下す思考が真実を連ね論理の螺旋階段を踏上し博愛を掲げるよう、不要不急な「思い付き」を鵜呑む事無き真実を理解し必要を満たすよう猛反省した。

依然、踏査でも確信得難い課題について

（令和五年四月四日 不破関資料館以南踏査）

律令時代からの街道東山道は、不破関から美濃国府の所在地、北の「府中」・青野ヶ原の国分寺を経て宿場の大垣市青墓へ向かう故に、大垣輪中外周を南の「宮代」へ向かう中山道とが垂井町内では重複せずと認識し、垂井町宮代の椿白き南宮大社〜関ケ原町野上の桃配山始め南宮山北麓には「壬申の乱」時の大海人皇子の縁起を数多伝承し、東軍は、関ヶ原合戦に反映か。しかし、朝廷軍を待ち受ける「乱」と反対に遭遇に備え臨戦態勢にあり、毛利軍を間近に仰ぐ相川右岸の中山道を全軍縦列で渡河行軍すれば散々に追い落とされ、片や西軍には見下す挑発に映り藪蛇だろう。生か死か「同合戦が大殺戮」にも映ろう督戦に疑義抱き筆者がチームプレーに焦点を結ぶ真相は如何に？「夜雨中両軍共機動し濃霧覆う早朝、何故、東軍が西軍の陣地を的確に知り攻撃し得たか？」について石碑「決戦地」が物語るように、東軍先鋒軍の半数程が「石田三成陣地」に対峙し攻撃しており、将兵が進路前方に高所の同陣地を目視したか、答えは、地勢の高低に解けよう。実際、進撃路が霧深い相川沿いに比べ、眼下に望み味方する菩提山城下の北方山麓・十キロ余の延伸が、新垂井線の敷設を共通項に扇状地形々を連ね大軍の進退に適うので、ＪＲ関ケ原駅南西の交差点前後～不破関跡手前に陣跡毎を縦列に並べ、東軍先鋒軍先行部隊が交差点や不破関跡の確保へ西軍主力軍を急追したろう末の映像「同僚意識を原動力に豊臣方の常套、軸足と左旋回の分掌は、東軍が井伊・福島両隊と右翼軍、西軍が石田隊と毛利・小早川両軍」に加え、公に衆目尊ぶ家康が臨機応変に革新した、迂直な主旨「直行」は当初のとおりとした。

「うむ、死にもの狂う追撃下、武将同士の心理的綱引きが四面楚歌な間隙を突く『島津の敵中突破』を見過ごそうか?」「まぁ、温度差を博愛へ調和して活性し心々を通わす周知の間柄であり、尚更、生活を向上『光明な愛が心技体を生長し三位一体の自由像を演出』する読者各位は、協働し魂々が参集する幸運を招来されよう。」

著者プロフィール

林 利和（はやし としかず）

・生年　1951年
・出身・在住　岐阜県
・職歴　岐阜県職員を退職後、本書を執筆。

魂の玉手箱 水明《みずあ》かく、華々《はなばな》息吹《いぶ》き、天《あま》へ舞《ま》え

2024年3月15日　初版第1刷発行

著　者　林 利和
発行者　瓜谷 綱延
発行所　株式会社文芸社
〒160-0022 東京都新宿区新宿1－10－1
電話 03-5369-3060（代表）
03-5369-2299（販売）

印刷所　株式会社フクイン

ISBN978-4-286-24979-7